本著作受浙江省哲学社会科学重大
"金融安全视角下浙江省绿色金融发展的动力机
（项目编号：20XXJC03ZD）

GREEN
FINANCE

金融安全视角下
浙江省绿色金融发展研究

周新苗 著

ZHEJIANG UNIVERSITY PRESS
浙江大学出版社
·杭州·

图书在版编目（CIP）数据

金融安全视角下浙江省绿色金融发展研究 / 周新苗
著. -- 杭州：浙江大学出版社，2023.9
ISBN 978-7-308-24171-7

Ⅰ．①金… Ⅱ．①周… Ⅲ．①金融业－绿色经济－经
济发展－研究－浙江 Ⅳ．①F832.755

中国国家版本馆CIP数据核字(2023)第167517号

金融安全视角下浙江省绿色金融发展研究

周新苗 著

责任编辑	赵　静
责任校对	胡　畔
封面设计	林智广告
出版发行	浙江大学出版社
	（杭州市天目山路148号　　邮政编码　310007）
	（网址：http://www.zjupress.com）
排　　版	杭州林智广告有限公司
印　　刷	广东虎彩云印刷有限公司绍兴分公司
开　　本	710mm×1000mm　1/16
印　　张	8.25
字　　数	140千
版 印 次	2023年9月第1版　2023年9月第1次印刷
书　　号	ISBN 978-7-308-24171-7
定　　价	68.00元

序　言

自习近平总书记在党的十九大报告中指出"必须树立和践行绿水青山就是金山银山的理念，坚持节约资源和保护环境的基本国策"①以来，绿色已成为新时代发展的主旋律之一。而绿色金融作为一种市场化的制度安排，能够发挥资源配置、风险管理等一系列功能，有效动员和激励更多社会资本，是推动绿色发展的重要引擎。作为"绿水青山就是金山银山"理念的发源地，浙江省积极调整产业结构、推进环保建设，已成为全国绿色金融发展的桥头堡。早在2014年，衢州市就被浙江省政府正式发文确定为绿色金融综合改革试点市，并制定了五年规划加以实施。在2017年，浙江省湖州市和衢州市更是成为首批国家绿色金融改革创新试验区，为绿色金融的发展贡献浙江力量。

但绿色金融的发展并不能一蹴而就，其动态性、复杂性和创新性等特征决定了绿色金融的建设是一个长期且艰难的过程。浙江省经济发达，非国有经济体、小微经济体占市场的绝大多数，"高风险与高绩效并行"始终是浙江省金融发展引人注目的特征。作为推进可持续发展的突破口，浙江省绿色金融在迅速成长的同时仍然不可避免地存在金融安全隐患。现阶段，浙江省绿色金融安全发展问题首先表现在市场驱动力度不足，投资绩效激励不具竞争力。其次表现为浙江省民间金融结构复杂，一些高风险金融产品极易通过伪装成绿色金融扩散至市场，并导致绿色金融风险评价系统难以构建。此外，浙江省绿色金融驱动对策考虑的市场、政府、民间团体等各方利益更多，更难均衡。因而，针对浙江省经济与金融发展现状，基于金融安全视角，深入并聚焦研究浙江现阶段亟待解决的绿色金融发展的动力机制与驱动对策，显得尤为必要且意义深远。

浙江省亟须寻找一条绿色金融安全发展的新道路。本书在梳理已有学术

---

① 习近平：《决胜全面建成小康社会　夺取新时代中国特色社会主义伟大胜利——在中国共产党第十九次全国代表大会上的报告》，《人民日报》2017年10月28日。

观点和理论分析的基础上认为，当前关于金融安全视角下的浙江省绿色金融发展的研究侧重宏观层面、操作层面及国外经验借鉴，学界在绿色金融市场主体绩效激励、产品开发及风险管理体系的构建方面缺乏金融安全的顶层视角。结合浙江省绿色金融发展的实际情况，本书致力于分析绿色金融建设对浙江省区域金融安全的影响；从 GDP 增长率、CPI 增长率、公共财政支出增长率、广义货币供应量增长率等多角度分析宏观经济要素对浙江省绿色金融安全的冲击效应；探究绿色金融的市场需求、政府引导、行业绿色转变对浙江省绿色金融发展的驱动能力；最后选取湖州市为样本，基于灰色关联度模型分析绿色金融对产业结构升级的影响，进而探寻浙江省绿色金融安全评价体系、发展动力机制与政策选择。

展望未来，金融安全视角下浙江省绿色金融发展要以竞争力为切入点，正确认识和处理政府与市场的关系，设计绿色金融风险监测预警体系，最大程度地调动市场主体活力，为推进美丽中国建设贡献浙江力量。

目　录

第一章

总　论

改革开放四十多年来，我国坚持大力引进国际资本、先进产业和科学技术，有力地促进了我国经济、社会的快速发展。短短几十年，我国经济总量迅速跃升为世界第二，成为世界制造业大国，取得了举世瞩目的发展成就。在经济高速增长的同时，"干中学"过程中的经验缺乏以及片面追求 GDP 发展速度的理念偏颇，带来了一系列的问题。一是部分高能耗、高排放、高污染制造业的引进，导致较为严重的环境污染；二是远高于发达国家的单位能耗，使得发展到今天的中国经济难以继续之前以资源消耗、环境破坏为代价的发展模式。

因此，2015 年 4 月，中共中央、国务院审议通过了《关于加快推进生态文明建设的意见》，首次提出了"绿色化"概念，"加强生态文明建设"被写入国家"十三五"规划。党的十八届五中全会提出贯彻"创新、协调、绿色、开放、共享"五大发展理念，把绿色发展提升到一个新的高度。2017 年 10 月 18 日，习近平总书记在党的十九大报告的第九部分，深入论述"加快生态文明体制改革，建设美丽中国"[①]，强调推进绿色发展，构建市场导向的绿色技术创新体系，发展绿色金融，壮大节能环保产业、清洁生产产业、清洁能源产业。这些事实充分表明了党和政府已将绿色发展战略确定为今后我国国家层面的发展战略，体现了绿色发展的国家意志和人民愿望。

为了早日完成我国产业结构调整、促进传统产业改造和新型绿色产业发展、实现绿色发展国家战略，党中央、国务院将绿色金融发展上升到国家战略高度来推进，国家《生态文明体制改革总体方案》和"十三五"规划纲要明确提出"构

---

① 习近平：《决胜全面建成小康社会　夺取新时代中国特色社会主义伟大胜利——在中国共产党第十九次全国代表大会上的报告》，《人民日报》2017 年 10 月 28 日。

建我国绿色金融体系"。七部委联合印发了《关于构建绿色金融体系的指导意见》，提出明确"绿色"标准是前提，推动可持续发展是关键，探索绿色金融创新是重点，顶层设计与基层探索相结合是方法，切实防范风险是底线。绿色金融已被纳入防范系统性风险、促进可持续发展、维护国家金融安全的战略框架。

早在 2014 年，衢州市就被浙江省政府正式发文确定为绿色金融综合改革试点市，并制定了五年规划加以实施。2017 年 6 月，经国务院常务会议审议决定，在浙江、江西、广东、贵州、新疆五省（区）部分地区设立绿色金融改革创新试验区，开启了绿色金融改革创新新篇章，具体表现为浙江省绿色金融机构体系的加快建设，绿色信贷规模的快速增长，绿色直接融资渠道的不断拓宽，以及绿色基金规模的持续扩大。

但纵观浙江省金融的发展历史，其引人注目的特征始终是"高风险与高绩效并行"，绿色金融的迅速发展仍然不可避免地存在金融安全隐患，绿色金融的市场体系和操作模式尚处于摸索起步阶段，政策、法律和机制还有待完善，金融机构驱动能力不足、主体绩效模糊，投资绩效激励不具竞争力、绿色金融风险评估体系基本为零等问题还不同程度地存在，绿色金融支持绿色经济发展、助推生态文明建设的作用还未得到充分发挥。因而针对浙江省经济与金融发展现状，基于金融安全视角，深入并聚焦研究浙江省现阶段亟待解决的绿色金融发展的动力机制与驱动对策，显得尤为必要且意义深远。

第一节　金融安全视角下浙江省绿色金融发展聚焦的主要内容

作为"绿水青山就是金山银山"理念的发源地，多年来，浙江省认真践行"绿水青山就是金山银山"理念，积极推进绿色发展，使绿色成为浙江省经济社会发展的底色。而绿色金融作为一种市场化的制度安排，发挥着筹措资本、配置资源、管理风险、解决激励问题等核心功能，起着有效动员和激励更多社会资本参与绿色发展的作用，是推动绿色发展的重要引擎。正因为深刻认识到绿色金融与绿色发展两者之间的重要关系，浙江省成为全国最早谋划和推动绿色金融创新发展的省份之一。2014 年，衢州市就被浙江省政府正式发文确定为绿色金融综合改革试点市，并制定了五年规划加以实施。2017年6月，经国务院常务会议审议决定，浙江省湖州市、衢州市等获批设立绿色金融改革创新试验区。

浙江省绿色金融发展突飞猛进：绿色信贷余额在2017年已达到7443亿元，在全省各项贷款中占比超过9%，且资产质量优良；发行企业绿色债券、地方政府绿色金融债券；推进绿色保险——环境污染责任保险；发展绿色互联网金融，浙江蚂蚁金融服务集团成为全球最大的个人碳账户平台。但是，浙江省绿色金融在快速发展的同时，也面临着发展所积累的绿色金融风险，这可能对整个金融体系安全带来冲击。浙江省绿色金融走在全国前列，不管是发展经验还是存在的问题，在全国都具有先导性和典型性，是中国绿色金融研究中不可或缺的部分。

本书首先从理论上通过研究浙江省绿色金融良性发展的市场激励与约束机理，寻求浙江省绿色金融体系自身有别于传统金融的发展路径，探索推动绿色金融全面实现自循环、自增长的健康发展模式。浙江省绿色金融的发展首先是浙江省金融体系自身转型发展的需要，以往对不可持续经济以及高风险经济体支持过度的浙江省金融体系已产生了许多结构性矛盾。本书对浙江省绿色金融发展的研究在充分考虑以上矛盾及发展需求的基础上展开，通过深层次剖析浙江省绿色金融良性发展的市场激励与约束机理，探究如何建设具有浙江特色的绿色金融体系，最终促进浙江省绿色金融全面实现自循环、自增长的健康发展。

从金融安全的视角出发，本书尝试探索各类绿色金融工具的发展对浙江省区域金融安全的影响，并全面分析浙江省绿色金融安全现状。设计绿色金融自身监测预警体系，有预见性地提出浙江省绿色金融安全维护问题，保障绿色金融的可持续发展。着眼于浙江省区域金融安全水平的测度，分析绿色金融及各个子维度对于浙江省区域金融安全水平的影响。在区域整体金融风险识别与管理的基础上，重点研究浙江省在绿色金融领域的金融安全水平，考察不同宏观经济要素对于浙江省绿色金融安全水平的冲击效应。分析影响浙江省绿色金融安全的外部因素的作用强度，聚焦于绿色金融发展的外部环境及政府引导推动下的政府干预，将这两类外部因素对于浙江省绿色金融安全的冲击强度随时间

3

变化的趋势进行分析。基于此，有针对性地设计浙江省绿色金融风险监测预警体系，并有预见性地提出绿色金融安全维护的宏观审慎管理方案。

通过模型与具备可操作性的政策，能够精准模拟浙江省绿色金融不同驱动机制，量化不同驱动机制下绿色金融发展对于宏观经济不同维度影响的实际效果。绿色金融的不同驱动机制的作用不同，政府对其实施鼓励的政策策略也会有所不同，并作用在不同的宏观经济要素上。本书分析了不同驱动机制下的绿色金融在不同的政策要素背景下对宏观经济要素、价格要素、可持续要素产生的影响的异质性，补充了绿色金融发展与宏观经济状况的关联性研究。此外，把握政府鼓励发展绿色金融政策的发力点并对其进行模拟，才是我们真正达到对相应政策进行精准有效模拟的关键。本书拟通过聚焦现有浙江省绿色政策已经出台并关注的重点，选取执行上更具可操作性的政策，通过设置可实现的不同程度的政策刺激，达到解决对政府相关政策的精准模拟问题。考虑到产业结构水平是宏观经济状况的重要衡量指标之一，本书还以湖州为例，分析绿色金融与不同产业层次部门的关联度，进而得出绿色金融对区域整体产业结构升级的影响。

基于这样的大背景，在对浙江省地域经济特色进行梳理的基础上和浙江省本身发展数据的支持下，本书既探究浙江省作为经济发达地区的绿色金融安全发展的动力机制和驱动机制的普遍规律，以利于作为"浙江模式"推广至全国，又研究浙江省自身独特的优势和特点，以利于浙江省政府的相关推动政策的精准选择。本书将浙江省绿色金融现阶段最重要的问题总结为金融安全视角下的绿色金融驱动力问题，因而全书聚焦的研究对象为：绿色金融建设对区域金融安全的影响、浙江省绿色金融安全评价、浙江省发展绿色金融的动力机制、驱动浙江省绿色金融发展的政策选择。

本书研究的主要问题概括如下：

（1）在浙江省金融安全得到高度重视的前提下，如何科学评估浙江省区域金融和绿色金融安全状况，分析绿色金融建设对区域金融的影响以及不同宏观经济要素对浙江省绿色金融安全的冲击。

（2）在浙江省市场经济与民间金融异常活跃的背景下，发展绿色金融的动力机制和不同驱动机制下的绿色金融对于区域整体金融安全水平以及区域宏观经济状况的影响，重点分析绿色金融与产业结构升级的关联度。

（3）在确保浙江省绿色金融安全边界的前提下，激励绿色金融不同主体绩效、驱动绿色金融健康发展的各类政策的实施效果及正确选择的问题。

第二节　总体研究思路、研究视角和立足的学术观点

一、总体研究思路

本书的总体研究思路是聚焦党的十九大报告中"加快生态文明建设、推动形成人与自然和谐发展现代化建设新格局"这一当前的重要战略任务，基于浙江省金融安全的基本需求，围绕浙江省现实展开的对绿色金融驱动机制及政策选择问题进行深入细致、全景式的研究探讨。

浙江省金融的发展历史一再说明金融安全是浙江省金融发展的第一要务，这同样适用于绿色金融的发展，因而本书的首要前提是保证绿色金融的研究是在金融安全的框架下进行的，研究首先指出绿色金融建设对区域金融安全的影响。其次，立足绿色金融发展的安全边界并强调发展过程中可能受到的冲击影响，在控制和保证金融安全的前提下，进一步讨论驱动绿色金融发展的动力与绩效，这是基于浙江省市场经济发达，非国有经济体、小微经济体占绝大多数的现实考虑的。浙江省绿色金融的主体绩效驱动将会表现得更为敏感，这部分研究是保证浙江省绿色金融示范先行与健康可持续发展的关键。再次，在基于金融安全视角下完成浙江省绿色金融驱动机制的研究后，将得出相应的驱动对策。对于驱动对策的具体效果、强度及相关组合则需通过科学方法的模拟获知，研究中政策情景的模拟是多方位的，目的是为地方政府制定出精准政策配套提供更科学的参考依据，这也是浙江省绿色金融稳步发展的有效保障。

从安全定位、动力机制和驱动对策三个既相对独立又互相补充和支持的角度提出研究设想，体现了浙江省绿色金融研究的安全第一、绩效驱动和制度保障相互融合的核心要求。

二、研究视角

本书的研究立足于金融安全的顶层设计，浙江省绿色金融发展不能偏离维护金融安全的主旨展开，对金融功能视角的强调贯穿整个研究。现代金融体系扮演着资源配置枢纽的重要角色，在促进绿色经济发展中的作用举足轻重，金融功能则是研究金融稳定与安全发展的理想切入点。金融功能是其相对于实体经济而言所起的功效和作用。

1. 绿色金融安全体系构建的宏观战略视角

针对目前绿色金融仍处于探索阶段的现状，本书将从宏观战略角度讨论对于浙江省而言绿色金融建设能否促进金融安全，什么样的绿色金融体系是安全的，浙江省绿色金融安全框架需涵盖的金融与经济要素是什么；同时，对绿色金融发展过程中可能冲击并影响金融安全的要素进行相关梳理，总结浙江省绿色金融实践的预期风险，为进一步展开分析奠定基础。

2. 绿色金融的政策与绩效视角

立足于整个浙江省金融行业的政策与绩效视角，本书重点讨论金融机构开展绿色金融活动的深度、广度，以及市场绩效与社会绩效之间的平衡、共赢抑或此消彼长的相互关系，利用微观数据进行实证探讨与事实挖掘。最后，基于相关分析回归至政策与绩效视角的审视，讨论政府政策对绿色金融与金融机构绩效关系的调节作用。

3. 绿色金融的风险管控与制度保障视角

本书对于浙江省绿色金融发展过程中可以预见的各类风险，强调绿色金融的风险管控与制度保障视角，这主要涉及绿色金融的风险管理及制度安排，旨在正确把握绿色金融发展过程中的风险，将管控落到支持金融安全、环境改善、应对气候变化和提升资源利用效率等实处。

三、本书立足的学术观点

一是浙江省绿色金融体系的建设与完善是在政府职能需进一步完善、浙江省经济结构发展不平衡等特定的体制环境和经济环境下逐步推进的，推进中应避免梯度推进中的政策性"金融创新歧视",自始至终须遵循绿色金融驱动的实质依然以市场功能为主的中心思想。

绿色金融的发展不可能一蹴而就,一蹴而就的绿色金融也不能真正得到长远发展。浙江省的绿色金融只能依靠梯度式推进,从创建示范区开始循序渐进地完成。在政府职能尚未完善、浙江省经济结构发展不平衡等特定的体制环境和经济环境下,应避免绿色金融的发展遭受"金融创新歧视"(通常指因政府特殊政策庇护,市场不愿接受金融创新的模式,导致金融创新本身渐失市场功能,最终退出市场的一种现象),正确设计相关制度,保证其顺利发展。尽管绿色金融离不开政府引导,但其本身依然是一个金融系统,仍应遵守金融市场发展的一般规律,具备金融系统基本的金融功能,服务实体经济,便利交易,提升经济的管理质量。强调绿色金融中的政府主体功能。将绿色金融视为政策和制度安排将削弱绿色金融的市场功能,脱离了市场体系的金融系统很难形成独立发展、自我生长及良性循环的真正金融体。

二是浙江省绿色金融活动应有更广泛的意涵,除了支持环境改善、应对气候变化、提升资源利用效率的金融活动,还要包括那些最大限度地支持转变浙江省发展方式、优化产业结构、转换增长动力,同时通过改革创新解决阻碍浙江省金融业自身平稳健康发展的体制机制问题的活动。

浙江省现有的绿色金融活动更多指向金融资金对环保、节能、清洁能源等环境效益项目的投资,或是对碳排放领域的金融干预活动,更偏重于"气候金融"和"环境金融"的范畴。但本书想要强调的浙江省绿色金融发展除对上述经济活动产生影响之外,它的体系构成还将帮助或引导浙江省产业自身转变发展方式、优化产业结构和转换增长动力。且绿色金融强调对于自身可持续发展支持的重要性,绿色金融的每一步推进还需考虑金融自身平稳健康发展机制体制的建立。

三是绿色金融的市场激励来自多方面,直接表现是增加绿色金融市场主体绩效而降低成本,间接表现是绿色金融通过实现企业(微观个体)承担社会责任而提升绿色金融主体形象。

绿色金融的市场激励来自多方面,它相比传统的金融活动能为参与主体带来多方利益，例如，金融市场对于投融资主体包括金融机构本身治理的贡献，能使金融市场主体增加投资绩效而降低成本。同时绿色金融活动还能使企业包括微观个体实现社会责任不同程度的体现，提升绿色金融主体的社会信誉与形象，这将为这些主体更进一步地参与绿色金融活动起到极大的推进与激励作用。

第三节　浙江省金融安全与绿色金融发展的关键问题

浙江省金融安全与绿色金融发展主要有以下几个关键问题。

一是浙江省绿色金融应对浙江省突出的金融与经济结构性矛盾的示范效应归纳与成功模式总结。

浙江省绿色金融的发展要应对的主要矛盾是金融结构本身不均衡和经济结构本身不合理的矛盾。本书的研究对浙江省绿色金融赋予了更高的立意。浙江省绿色金融的发展除了对污染性经济活动、清洁能源行业能够通过金融手段进行干预与支持外，还需最大限度地通过服务实体经济、服务金融行业本身实现对可持续发展的支持，通过经济结构的优化与金融行业自身的成功转型，形成真正值得推广的成功模式。

二是以竞争力为切入点，建立更具资本与人才吸引力、最大限度地调动市场主体积极性、充分实现生产要素积聚、市场活力持久的浙江省绿色金融市场动力机制，从区域金融安全、宏观经济状况两个方面检验不同驱动机制下绿色金融的发展效果。

绿色金融的发展对于地区经济结构的改善与金融体系自身良性发展的作用毋庸置疑。但如果没有完善且具有竞争力的市场动力机制作为支撑，就很难从传统金融中突出重围，受到以逐利为天性的投资者（特别是素以精明著称的浙商）的青睐。本书对于浙江省绿色金融市场动力机制的研究的关键是如何最大限度地调动和发挥微观主体的积极性。竞争力本身包含的要素很多，并非一般视角下的高回报性，其中应该包括完备的市场组成及外围服务系统，丰富的金融产品及便利的交易平台，绿色项目长期限产品便利的现时交易，自由化程度与标准化程度均高的金融市场，透明及规范的信息披露与监管，较高的国际化融合水平等。

三是科学合理地测度浙江省绿色金融安全发展水平，设计以降低风险动机为主、设置市场壁垒为辅、长期风险市场敏感度强的绿色金融风险控制框架。

绿色金融本身是看似健康、和谐的称呼，大众与市场的通识是只要发展了绿色金融，就远离了风险。其实不然。绿色金融的风险只是表现得更为隐蔽，现在国内外并未普遍揭示这一问题，和传统金融市场相比，绿色金融还处于起步阶段，且绿色金融目前的政府干预较强，短期风险很容易通过政府行为规避。本书研究的关键是在测度浙江省绿色金融安全发展水平的基础上，分析不同宏观经济要素对于浙江省绿色金融安全的冲击效应，完善浙江省绿色金融风险控制框架。浙江省绿色金融专业化或专门化市场构建初期，就需要形成完备的市场风险管控与含有预警机制的金融安全控制框架。该体系的设计会更多地考虑浙江省的绿色发展要素与政府行为带来的风险，同时也会考虑绿色发展的时代需求与起步需求；监管还需进行协调，才不至于使绿色金融的发展由于制度或管理原因受阻。研究过程中还需要关注中长期风险，通常绿色投融资项目建设期长、受政府政策影响大，如果没有完备的市场运行机制，长期风险一旦爆发，市场很难自我纠错与自我修复。因而在绿色金融风险研究中，期限错配严重的中长期风险是我们研究关注的重点。

四是基于正确认识和处理浙江省绿色金融中政府与市场的关系，研究政府行为对绿色金融安全水平的影响，理清市场主导与政府引导的最优匹配与融合机制。

浙江省的绿色金融虽然得到了蓬勃发展，但不可否认的事实是政府始终处于主导地位。政府与市场的度的把握一旦不准，不但市场本身极易失去基本的资源配置、信息披露、经济治理等功能，政府在金融市场中调控市场作用的发挥也会受到影响。本书在研究中充分考虑到识别和分析政府的影响和作用的重要性，重点分析政府政策对于浙江省绿色金融安全的影响效果，以期正确把握政府与市场的关系，保证绿色金融平稳过渡至市场主导与政府引导最优匹配与融合的状态。

五是建立顶层与基层有效融合、具备长效运行机制、避免落入"短期行政手段"陷阱的浙江省绿色金融良性发展模式。

浙江省绿色金融的发展得到了中央及地方政府的高度重视，使得绿色金融本身具有浓厚的政治色彩，再加上绿色金融本身相比传统金融也需要有更多的政府推动力。学界业界之前的浙江省经济问题研究含有很多依赖政府短期行政手段解决经济问题的先例，本书的内容也很容易将我们的研究引入类似的框架或设计。但经济发展的事实证明，短期行为很难取得实质性的改善，更难步入可持续发展的良性轨道。浙江省绿色金融既对浙江省经济结构突破瓶颈有重要作用，也对浙江省金融体系本身的优化与可持续发展至关重要。因而，必须深入分析、甄选有价值的文献及行业经验，使得浙江省绿色金融模式更注重发展的长效机制，同时还能保证顶层与基层的有效融合。

六是试图解决浙江省绿色金融发展的非均衡问题，着力实现人与自然和谐发展的现代化建设新格局。

浙江省绿色金融的发展极不均衡，首先，表现在实施主体的不均衡，目前仍以银行业为主，其他金融机构的参与几乎为零；其次，表现在发展业务的不均衡，绿色金融业务中的绿色信贷几乎占到一半以上甚至七成的比例，其余绿色金融业务仍处于起步阶段；再次，绿色金融市场的供给与需求不均衡，需求严重大于供给的情况是目前最大的矛盾；最后，绿色金融对民生活动与工业发展的支持不均衡，现有绿色金融仍聚焦于政府指定经济建设、行业基本面发展，涉及民生活动的绿色金融介入相对较少。从总体上看，在实践领域，相关绿色金融的发展依然表现出诸多不明确的态势，发展程度参差不齐，没有形成完善、统一的体系。本书研究的另一难点即如何给出解决这种非均衡状况的思路与办法，并且充分考虑工业发展与人类自身发展的均衡状况，实现人与自然和谐发展的现代化建设新格局。

第二章

绿色金融领域的已有研究及代表性观点

第一节　金融安全的概念辨析与综合评价

一、金融安全及相关概念辨析

金融安全问题的提出由来已久，马克思深刻阐述过金融体系的内在不稳定性，著名经济学家 Veblen 在 20 世纪初对金融体系的不稳定假说进行了论述。之后，Mishkin 等（1996）基于金融脆弱性理论论述了金融系统的不稳定性。20世纪 90 年代以来，墨西哥（1994）、东南亚（1998）、俄罗斯（1999）、南美洲等国家和地区金融危机的相继爆发，还有 2008 年始于美国次贷危机的全球性金融危机的出现，更加引发了各界对国家金融安全问题的关注。但国外学者始终没有对于金融安全的内涵进行过明确界定与统一解释。

东南亚金融危机的爆发，对亚太地区快速成长的新兴经济体造成了严重损害，国家金融安全问题引起了国内专家学者的关注。金融安全是一个立体的概念，包括多方面的内容，首先是金融体系的安全，其次是金融发展的安全（刘清江、张晓田，2001）。具体地从两个研究角度辨析金融安全：一是从金融的国际关系角度，金融安全是一国金融抵御国内外各种威胁、侵扰的能力，是维护本国金融利益、确保金融体系正常运行与发展的一种态势（王元龙，2004；叶莉、陈立文，2008）；二是从应对金融风险的角度，强调金融安全与风险及危机之间的内在关系，金融安全就是将金融风险控制在可能引致危机的临界点以下，并提高金融效率（张幼文，1999；刘锡良、孙磊，2004）。

二、金融安全综合评价方法的发展

金融安全综合评价体系正式构建的尝试可追溯至世界货币基金组织与世界银行出台的对成员国的金融稳定评估计划（Macroprudential Indicators of Financial Soundness, IMF），该计划从总体上看，有助于发现风险并采取具体措施。银行作为金融系统的重要构成部分，对其稳定性的评价一直是金融安全评价的重要部分，评价主要利用财务指标（如流动性、资本充足率和收益性指标等），采用多变量分析方法（如回归分析、多元判别分析、Logit 技术与类神经网络模型等）创建综合评价系统（Altman，1968；Horrigan，1966；Sinkey，1975；Martin，1977；Odom and Sharda，1990；Tam and Kiang，1992）。由于外债危机频发，人们对发展中国家的外债问题极其关注。债权方出于自身利益的考虑，对债务国的外债偿还能力进行综合评价，视其为对发展中国家金融安全的一种重要评价（Frank and Cline，1971；Feder and Richard，1977；Sargen，1978；Saini and Bates，1978），我国学者也曾利用多元累积和模型构建金融安全监测预警系统的结构模型对中国外债金融安全进行动态评估（林伯强，2002；陈松林，2002）。

对于开放经济条件下的中国金融安全问题，学者们在充分考虑金融危机的相关模型后，分别从宏观、中观和微观金融风险三个部分，从虚拟经济和实体经济两个角度，从金融安全条件与金融安全能力两大维度出发，筛选多个指标，通过 AHP、因子分析、熵值法、多目标规划法测度指标权重，通过功效系统法与线性综合加权法，对我国金融安全程度进行动态的定量监测，并对我国金融安全进行了动态评价与原因解读（聂富强等，2011；张安军，2015；黄叶金，2015；聂富强等，2017；黎娜等，2017）。

第二节　绿色金融的概念及发展驱动的相关研究

一、绿色金融的概念

尽管学者们对绿色金融内涵的界定不尽相同，但都普遍承认绿色金融对环境保护以及可持续发展的突出贡献。绿色发展已成为世界各国的普遍共识，绿色金融有助于推动循环经济发展。国内外学者对于绿色金融内涵的界定，主要从以下四个角度进行切入并展开定义。第一，从金融创新的角度，认为绿色金融是金融业为迎合环保产业的融资需求而进行的金融创新（Salazar，1998；Scholtens and Dam，2007；方灏等，2010；金环等，2022；文书洋等，2022）。第二，从金融工具的角度，将绿色金融定义为以金融市场为基础，提高环境质量、转移环境风险的金融工具（Labatt and White，2003；Scholtens，2006；邓翔，2012；黄卓等，2022）。第三，从投融资的角度，认为绿色金融是支持绿色经济、环保产业、清洁能源等发展的多样化的投融资渠道与方式（Cowan，1999；Fullwiler，2015；万志宏、曾刚，2016）。第四，从政府政策的角度，认为绿色金融是促进节能减排，缓解环境污染，实现环境、经济、社会协调可持续发展的国家制度与战略安排（安伟，2008；朱家贤，2010；张雪兰、何德旭，2010；唐跃军、黎德福，2010；马骏，2016；刘锡良等，2019；金祥义等，2022），2016年8月，中国人民银行、财政部等七部委联合发布的《关于构建绿色金融体系的指导意见》首次给出了官方对绿色金融的定义："绿色金融是指为支持环境改善、应对气候变化和资源节约、高效利用的经济活动，即对环保、节能、清洁能源、绿色交通、绿色建筑等领域的项目投融资、项目运营、风险管理等所提供的金融服务。"

二、绿色金融发展的不同驱动机制的相关研究

1. 绿色投资项目的市场需求驱动

据中国人民大学绿色金融改革与促进绿色转型课题组（2019）测算，2014—2020年，按照落实现有已经制定的环境规划、计划和标准的"低方案"，中国在可持续能源、环境基础设施建设、环境修复、工业污染治理、能源与资源节约等五大领域的绿色融资需求为14.6万亿元，年均约需2.1万亿元。而2017年全国财政节能环保支出决算数为5617.33亿元，21家主要银行绿色信贷年度新增余额7909.76亿元，境内新发行绿色债券1898.75亿元，绿色投资发展的巨大资金缺口依然是绿色金融发展的最大驱动力。但仅有缺口并不能促进绿色金融的健康发展，"绿色"与"金融"还需要更好地结合，针对绿色项目的激励机制和

监管框架亟待完善，绿色权益融资的路径也有待拓宽。陈莹莹，2018；齐绍洲等，2018；袁礼等，2022）。将能源环境投资及其相关投资路线转变为有意义的足以吸引投资者进行市场化投资的基准，还存在着诸多挑战（IEA，2014；CPI，2013；Barclays and Accenture，2011）。为了实现绿色投融资，金融机构要为企业的绿色转型与创新提供高于传统项目的资金和更具吸引力的金融项目，从而保证企业能够拥有足够的扩张和转型资本，但目前这些内容在市场机制的实现上都存在着巨大的障碍（Barclays and Accenture，2011）。

2. 推动及实施绿色金融的政府战略性驱动

国外学者涉足这一领域的研究主要包括积极发挥政府的导向作用、注重发挥市场机制的作用、给予相关的政策和资金支持等。这一领域的国内研究近年来发展迅速，这源于中国在战略层面的高度重视。2015 年 9 月，中共中央、国务院发布《生态文明体制改革总体方案》，首次提出建立中国绿色金融体系战略。2016 年 3 月，全国人大通过的《中华人民共和国国民经济和社会发展第十三个五年规划纲要》（简称"十三五"规划纲要）正式提出，中国将"建立绿色金融体系"。2017 年的 G20 绿色金融综合报告是中国绿色金融研究小组最主要的成果，它体现了二十国集团成员的广泛共识，平衡了具有不同政策倾向和自然禀赋的各国观点。2017 年，习近平总书记在党的十九大报告中强调"发展绿色金融"，对绿色金融的国内研究提出了更高层次的要求。

推动及实施绿色金融的战略性研究旨在从理论架构上引导金融服务与社会资金进入绿色产业，并形成一系列政策和制度安排，研究目标是从国家战略角度，建立绿色金融体系，提高绿色项目的投资回报率和融资的可获得性，同时抑制对污染性项目的投资。例如，马骏（2015，2016a）宏观地介绍了中国发展绿色金融的动因、近年的具体进展和在"十三五"期间构建绿色金融体系的政策框架，指出了绿色金融发展中的障碍；绿色金融很大程度上需要中央及地方政府的支持（王遥等，2017），政府应率先推动绿色担保基金，积极发展绿色信贷、绿色债券等创新工具，政府应支持设立相关的风险缓释机制，建立绿色项目库，利用国内外债券市场推动当地的发展。政府在现阶段中国的绿色金融发展中处于主导地位（唐绍祥、周新苗，2018）。

3. 绿色金融与循环经济双赢发展的互助推动

完善的金融市场对循环经济的发展将是一种极大的促进，循环经济一旦启动将产生较大的经济和社会影响，最终也能够惠及金融业本身，因而二者是相辅相成的（尹钧惠，2009）。在制度层面上构建发展绿色金融的激励性机制，能实现金融创新和循环经济的双赢（王卉彤、陈保启，2006）。发展循环经济最核心的问题是技术创新和多层次性，无论是实现技术创新还是实现多层次性，都需要大量的资金支持，这些资金数量之大，只有金融业才能有效为其融资，因此，金融产业的"绿色化"是保障循环经济发展的有力手段（郑嘉榆等，2023）。绿色金融保障了经济可持续发展战略的实施，是推动经济可持续发展的助力。同时，经济的可持续发展战略也可以推动金融产业发展进入一个新阶段，为绿色金融的推广提供一个良好的外部环境，为绿色金融的健康发展奠定坚实的基础（李晓西、夏光，2014）。龚剑等（2008）从赤道原则入手，指出绿色信贷的实施不仅有利于解决环境保护问题，而且能够促进金融业的健康发展。

第三节　金融安全视角下的绿色金融研究

金融安全与绿色金融的相融研究是学者们基于更有利于发展中国家的角度提出的，这一研究提法虽新，但发展迅速。2015 年 9 月，中共中央、国务院发布《生态文明体制改革总体方案》，首次提出建立中国绿色金融体系战略。2016年 3 月，全国人大通过的"十三五"规划纲要正式提出，中国将建立安全的金融体系，发展绿色金融。

一、金融安全视角下发展绿色金融的必要性

此方面的研究主要从我国经济发展模式和金融机构自身发展两个角度展开。尹钧惠（2009）将金融与循环经济联系起来分析，指出完善的金融市场对循环经济的发展将是一种极大的促动，而循环经济一旦启动将产生较大的经济和社会影响，最终也能够惠及金融业本身的安全与有益发展，因而二者是相辅相成的。林啸（2011）对我国绿色金融经济效益的实证分析表明，从宏观层面

上，绿色金融能够促进经济增长；从微观层面上，绿色金融相关产业如低碳、环保产业的收益性和成长性较好。胡珀等（2016）从赤道原则入手，指出绿色信贷的实施不仅有利于解决环境保护问题，而且能够促进金融业的安全健康发展。张晖等（2021）指出，不良的环境表现会导致金融投资客户盈利能力下降，增加偿债风险，因此，发展绿色金融是金融机构自身健康发展的需要。孙光林等（2017）指出，在目前我国环境形势恶化、某些建设项目和企业环境违法现象较为突出致使银行的信贷风险加剧的情况下，"绿色金融"的及时推出有助于商业银行环境风险的管理。王遥等（2019）认为，绿色金融是低碳经济时代的金融创新，它能促进社会经济的可持续发展，维护金融安全。魏晓云（2022）认为，在制度层面上构建发展绿色金融的激励性机制，能实现金融安全和循环经济的双赢。姜燕等（2022）指出，绿色金融对可持续发展以及维护金融安全有促进作用。

二、绿色金融战略实施中对金融安全冲击的研究

这一部分研究主要聚焦于绿色金融的风险，绿色金融的主旨是引导金融服务与社会资金进入绿色产业，并形成一系列政策和制度安排。研究目标是从国家战略角度，建立绿色金融体系，提高绿色项目的投资回报率和融资的可获得性，同时抑制对污染性项目的投资。但政策性金融行为会导致金融产品的市场性减弱，金融市场修复能力不足，金融体系安全受到冲击。发展绿色金融，要通过资金供给侧结构性改革，打开要素流动和再配置的通道，使生产要素从无效需求流向有效需求领域，从低端领域流向中高端领域，提高要素配置效率，促进金融性资金稳定、持续地进入绿色发展领域，但目前依然以政府干预为主导的绿色金融很难实现这一过程（马中等，2016）。推行绿色金融最需要的是观念的转变、科学的部署和长期的坚持，将社会责任和可持续发展纳入金融机构安全发展战略规划（李卢霞、黄旭，2011；张建军、段润润，2013；林欣月，2016）。概括起来即强调金融安全顶层设计，完善市场体系和加强金融机构的内生动力，因此，应对绿色金融发展提出更高的要求。

第四节　浙江省金融安全与绿色金融研究

尽管鲜有学者将金融安全与绿色金融纳入一个框架中进行系统考虑与研究，但基于浙江省特殊的金融风险背景、丰富的绿色发展经验，以及绿色金融创新实验区的事实，各类学者在展开相关研究过程中基于金融安全、绿色发展及绿色金融的交叉评述与讨论并非少数。

一、浙江省金融安全问题研究

浙江省的金融安全问题主要是民间金融发达所导致的风险管控难以精准定位。（张健华，2015；殷兴山，2016）其表现为：浙江各类的金融形式发展速度快、参与主体多元化；金融市场的产品、交易甚至是提供产品的主体过于灵活，市场不规范；民间金融具有隐秘性和非正式性，难以精确掌控其规模和用途。这也为民间金融的发展埋下安全隐患，难以进行风险防控。（吴国威、杨玲，2016）关心浙江金融发展的学者们针对浙江的金融安全问题提出过很多解决思路与方案，例如，区别对待、规范和保护合理的民间金融活动（李迟，2011）；加强民间金融监管环境的建设（郭丽虹、朱柯达，2015）；提高民间金融活动的组织化和市场契约化程度（燕小青、张红伟，2013）；发展地方性证券交易市场、构建区域民间金融市场以及组建风险投资公司等（朱海城，2016）。近年来，随着"两美"浙江建设战略对各行业提出服务浙江绿色发展的需求，绿色金融打开了学者们解决浙江金融安全问题的新思路（陈叶如、吴雯婷，2018）。

二、绿色金融"浙江模式"的发展与安全问题

学者们基于浙江省绿色金融改革发展创新的实践，对绿色金融创新发展进行了有益的思考与研究：提出绿色金融创新发展要结合浙江经济发展实际和特点，突出特色定位；要多方联动、协同推进、注重集成创新；要解决绿色环保的正外部性和污染的负外部性内部化问题；在用好传统金融工具的同时，要重视与现代信息技术的结合和应用（王去非，2018；王诚，2018）。学者们指出，绿色金融的迅速发展缓解了浙江省民间金融爆发式发展的困境，但绿色金融的大

力发展不代表金融安全问题不复存在，浙江省的绿色金融发展相较其他地区隐含着更大的金融安全问题。（唐绍祥、周新苗，2018）首先，与传统金融相比，市场驱动力明显不足；其次，浙江省相对灵活的民间金融变通极易通过绿色金融的伪装将高风险金融产品扩散至市场；再次，复杂的浙江省金融市场构成使得浙江省绿色金融风险评价系统的构建更为困难；最后，浙江省绿色金融驱动对策考虑的市场、政府、民间团体等各方利益更多，更难均衡。

第五节　具有代表性成果的学术观点及分析评价

一、已有代表性成果的主要学术观点及对金融安全与绿色金融研究的积极贡献

已有文献毋庸置疑地证明了绿色金融是构建安全健康的金融体系、协调金融与自然、社会和经济关系的有效途径之一。（王小江，2017）金融在经济、社会和生态的运行中起到引导、配置、控制与风险管理的基本作用。金融绿色化是构建安全的金融体系的必然选择，金融绿色化程度直接影响经济、社会与生态的协同发展。绿色金融产生于自然、社会、经济的联系，发展于自然、社会、经济的联系。反之，绿色金融的发展一定会反作用于自然、社会、经济，对自然环境的维护与改善、对经济的可持续发展、对建立环境友好型社会起到巨大的推进和优化作用。

从经济金融系统的运行逻辑上说，愈发引人关注的环境、气候等风险是经济金融体系稳定运行的新挑战，甚至是根本性挑战，绿色金融的发展为防范和化解系统性金融风险提供了新的思路。（王俊勇等，2018）绿色金融作为绿色发展理念的扩展与延伸，是未来金融业发展的必然趋势，同时也是推动经济高质量发展的重要动力。近年来，外生性"黑天鹅"风险与内生性"灰犀牛"风险的大概率交叠碰撞共振将增加系统性风险发生的概率，绿色金融将全面改善金融系统的安全，为金融系统安全提供前瞻性的保障。通过绿色金融体系合理定价与量化潜在的环境风险，绿色评价机制将成为构建宏观审慎监管政策框架的重要组成部分，从而正确评估、防范与化解环境因素诱发的系统性金融风险。

已有研究基本达成共识，要实质性地发展可持续经济，不仅要依靠更强有力的末端治理措施，还必须采用一系列财税、金融等手段改变资源配置的激励机制，让经济结构、能源结构、交通结构变得更为清洁和绿色。（马骏，2017）绝大多数绿色金融领域的学者和行业专家们，在深入研究国际经验和总结中国实践的基础上，提出应该构建一个绿色金融体系，通过贷款、私募投资、发行债券和股票、保险、碳金融等金融服务和相应的激励机制，将更多的社会资金引导到环保、节能、清洁能源、清洁交通、清洁建筑等绿色产业，同时进一步完善约束机制，抑制对污染性行业的投资。在资源配置中，资金（即金融资源）配置的激励机制将发挥关键作用，促使资金从污染性行业逐步退出，更多地投向绿色、环保行业，其他资源（包括土地、劳力）将随之优化配置。

为了发挥绿色金融的最大效用，需要对绿色金融体系进行全景式的系统研究和综合测度，详细分析其发展水平、结构组成、功能定位、相互关系和自洽自生能力，前瞻性识别潜在风险因素，真正实现绿色金融的顶层设计，明确绿色金融战略的总体目标和实现途径。（周新苗，2020）当今世界对绿色金融发展已经逐步达成共识，但由于不同国家之间、不同地区之间经济发展水平与自然资源禀赋存在巨大差异，客观上难以在短期内形成一套具有普遍适应性的绿色金融发展准则体系。世界各国绿色金融发展的过程表明，在其发展初期，各种保护、激励政策有效地引导和强力地推动绿色金融的发展，但是如果政府过度介入，会抑制市场活力、扭曲市场信号、错配社会资源、畸形交易形式，最终导致严重的市场分割现象，进一步产生寻租行为，阻滞绿色金融的健康发展。因此，基于新发展理念与客观现实制约的对绿色金融体系的系统研究和综合测度，对于明确政府与市场各自的定位、功能发挥的边界及相互作用的机理，进而促进我国绿色金融的高效、可持续发展极为关键。

从区域来看，浙江省绿色金融走在全国前列，不管是发展经验，还是存在的问题在全国都具有先导性和典型性。（王去非，2016）近年来，在社会各界环保意识逐步增强、绿色金融基数低和市场巨大的背景下，浙江省和全国绿色金融发展迅速。但是从学者的调研情况看，浙江省绿色金融发展中仍存在不少机制性、制度性问题，如不加以重视和解决，绿色金融很有可能会遭遇"理论上发展前景广阔，现实中发展空间狭窄"的尴尬。浙江省绿色金融经济效益和环境效益存在不同向甚至反向的现状。从资金供给方角度看，这是由于绿色金融的环境正外部性无法有效内部化，不能转化为其经济效益，目前金融机构普遍认为发展绿色金融更多的只是履行社会责任，抒发情怀；从资金需求方角度看，绿色金融产品相比普通金融产品，审核内容明显增多，信息披露要求大幅提高，所募集资金使用范围则显著收窄，只能用于绿色产业项目。浙江省绿色金融产品和服务创新难度大，主要表现在：绿色金融资产与负债存在期限错配；支持小微企业绿色转型与控制金融风险两者难以平衡；绿色金融专业人才不足。

二、已有学术成果的研究局限及拓展空间

现阶段我国对绿色金融的研究侧重于宏观层面、操作层面及国外经验借鉴，学界在绿色金融市场主体绩效激励、产品开发及风险管理体系的构建方面缺乏金融安全的顶层视角。

绿色金融已经从单一的绿色信贷发展到绿色保险、绿色证券、绿色投资、绿色租赁等多个金融子系统；从初期的绿色金融的政策引导，发展到绿色金融体制建设、绿色金融风险管理机制设计、绿色金融工具创新及绿色金融的责任落实。尽管绿色金融已进入中国金融改革的核心范畴，但事实上，学界和业界对中国绿色金融研究始终存在争议。大部分基于中国现实的绿色金融制度与政策的研究还流于形式，特别是缺乏对于风险的预期，缺少触动金融业实质性利益的绿色金融发展困境研究，也未能够实质性地体现金融与经济、经济和生态环境关系的协调发展。

中国现有的绿色金融研究未能很好地理清绿色金融发展过程中风险与安全的关系，没有对绿色金融的属性、功能进行精准的定位，没有做到理论先行，导致绿色金融发展一直处于分散、局部探索的阶段，对金融安全没有起到应有的示范作用。这要求我们的研究应对中国近年来社会、经济、自然与金融业发展的关系状况进行梳理，提出新的理论对中国经济发展与金融关系进行解释与分析，最终基于金融安全角度对中国绿色金融构建提出合乎市场规律、为市场所接受且可持续的发展模式或路径，建立以中国生态文明建设为核心目标的安

全可持续的绿色金融体系。

现有大部分关于绿色金融的实践研究主要是围绕中国绿色金融体系的战略性研究，缺乏针对某一区域的绿色金融具体的发展问题及对策研究。

金融安全视角下的绿色金融研究离不开对具体区域绿色产业的有效金融支持的研究，现有文献研究缺乏对绿色金融发展的客观、真实和广泛的调研与分析，特别是对绿色金融基于特定区域经济特征如何影响中国经济结构和产业走向的分析，缺乏对金融系统与经济系统及生态环境关系的系统性、客观性、真实性和连贯性的研究，分析角度与分析方法也有待进一步具体和完善。

只有对中国绿色金融发展的区域环境、行业基础与内部状况进行有效的分析，探讨绿色金融发展的路线、机制、体制、政策、制度及模式的研究，才能更好地为绿色金融战略的具体实施服务，才能保障绿色金融实施的效率与质量，才能对金融安全维护和经济可持续发展真正起到引导、推进和控制的作用。

学者们意识到绿色金融发展的最大瓶颈是绿色金融的驱动力问题，但鲜有学者深入讨论绿色金融的动力机制、主体绩效及驱动对策问题。

目前国内学者在相关绿色金融的研究中普遍指出，绿色金融的"政府倡导"与"社会责任"的气息太浓，缺乏金融部门最重要的市场驱动核心。因此，绿色金融要想取得自身的可持续健康发展，必须解决自生长、自循环的驱动问题。为了避免轰轰烈烈地发展最后却落入政策红利的陷阱，避免红利消失则"绿色"消失的现实问题，必须在绿色金融的发展初期就清晰识别推动绿色金融发展的核心动力，在解决驱动问题的同时确保金融安全，并有针对性地提出一系列驱动对策选择安排。这也是将来绿色金融领域的研究者在未来很长一段时间内需要解决的最为重要的问题。

三、本书相对已有研究的独到价值和意义

本书主要借鉴学者们对中国绿色金融发展的丰富的理论与实践经验，有针对性地研究金融安全视角下浙江省绿色金融发展的动力机制与驱动对策问题。充分考虑浙江省金融发展的特征、绿色发展的需求以及绿色金融创新试验区建设以来取得的成就及发现的问题。我国地域广阔，且区域经济发展不平衡，"自下而上"

的区域金融改革的题中应有之义就是要与区域经济社会发展特征相联系，遵循经济金融运行的客观规律，立足当地实际，坚持问题导向，突出特色定位，针对区域经济金融发展中的痛点、难点和重点问题来展开。

1. 具有创新性地构建区域性的绿色金融安全评价体系

本书将基于浙江省特殊的金融风险特征，构建浙江省发展绿色金融的安全评价体系，并且通过模型分析与模拟研究充分识别冲击浙江省绿色金融安全的各类要素及作用大小。绿色金融安全视角的框定是绿色金融健康发展的前提，这样的绿色金融研究视角是前人研究中所不具备的。

2. 具有创新性地基于金融安全视角讨论区域性绿色金融的驱动问题

绿色金融的驱动力问题已经受到学界的充分重视，本书将针对浙江省绿色金融进行驱动力研究。金融市场的驱动力包含的异质因素极为复杂，浙江省经济发展水平高，但规范金融覆盖面不高；民间金融广泛，但监管乏力。这为绿色金融提供了发展的土壤，但同时也埋下了隐患，因而，我们的驱动力研究是在金融安全保障的前提下进行的动机机制、主体绩效与驱动对策讨论。不同驱动力的组合能更好地抵御金融风险，实现金融安全，这是前人研究中鲜有出现的。

3. 具有创新性地针对绿色金融驱动进行关联政策的现实模拟

目前中国的绿色金融更多的是依靠政府政策性引导的推动，这种政策性引导既体现在直接的财政支出，也体现在间接的市场驱动。绿色金融所涉政策的效果需要实验考察，借助模拟来代替实验进行考察非常重要，但国内相关领域的研究依然薄弱，本书基于前沿的实证研究方法对现实绿色金融政策的模拟研究极具参考价值。

第三章

浙江省绿色金融发展现状分析

第一节 浙江省碳排放情况

化石能源是现阶段全球能源中消耗量最大的能源，也是二氧化碳排放的主要来源。随着中国经济的高速发展，中国已经成为世界能源消耗大国和二氧化碳排放大国，由煤炭、石油、天然气等化石能源燃烧产生的二氧化碳量占到了世界总量的 30% 左右。因此，大力推进节能减排工作必要且迫切。浙江省作为绿色金融改革创新试验区，在经济发展过程中，坚定不移地践行"绿水青山就是金山银山"理念，通过加快形成绿色发展方式和生活生产方式，创新发展绿色金融，大力推进碳减排工作，使得碳排放量和碳排放强度逐年下降，走出了一条绿色金融助推绿色低碳转型发展的创新之路。

根据 2017—2019 年全国各省份碳排放量的数据可以发现，碳排放量较大的省份有两类：一类是东部沿海经济发展大省，如山东省、江苏省和广东省；一类是资源型或者工业省份，如河北省、河南省、山西省、内蒙古自治区。部分省份在三年内的增幅明显大于其他省份，如内蒙古自治区，其工业投资扩张速度较快，而浙江省碳排放量处于全国平均水平（如图 3-1 所示），且 2017—2019 年碳排放量变动幅度较小。近几年，浙江省将经济发展的着力点调整至绿色低碳的"三新"经济，全面推进传统制造业改造提升，加快发展非化石能源和清洁能源，稳步提升能源使用效率及节约水平，使得浙江省能源消费情况逐渐趋于稳定。由此可见，浙江省对非能源活动温室气体排放已逐步做到有效控制，低碳经济发展正有序推进。

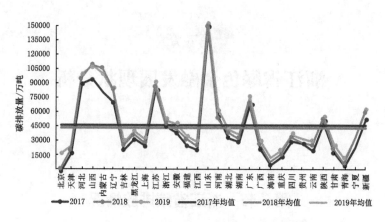

图 3-1　2017—2019 年全国的 30 省份二氧化碳排放量

数据来源：国泰安数据库。

　　碳排放强度是一个用来反映社会经济与二氧化碳排放量的实际关系的相对指标，是碳排放量与国内生产总值（GDP）的比值，表示 GDP 的增长所产生的二氧化碳排放量。由图 3-2 可知，浙江省的碳排放强度明显低于全国平均水平，在浙江省 GDP 持续增长的同时，浙江省的碳排放强度呈现逐年递减的趋势，由 2017 年的 0.915 吨 / 万元到 2018 年的 0.827 吨 / 万元再到 2019 年的 0.759 吨 / 万元。由此可见，浙江省在发展经济的过程中坚持低碳发展理念和产业结构转型升级，注重节能减排，推动绿色低碳发展。

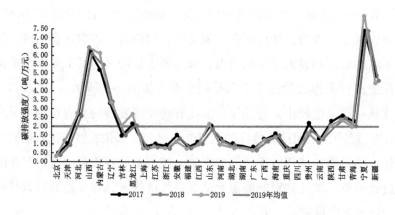

图 3-2　2017—2019 年全国的 30 省份二氧化碳排放强度

数据来源：国家统计局、国泰安数据库。

无论是从碳排放量还是碳排放强度来看，浙江省都在近几年的经济转型过程中取得了重大突破。尤其是在我国经济发展进入新常态的背景下，为实现"碳达峰""碳中和"目标提供了"浙江方案"。这将有助于从低碳的角度引导经济绿色转型，促进绿色金融安全健康发展。

第二节　浙江省绿色金融改革创新试验区的建设成效

湖州市和衢州市作为首批国家绿色金融创新改革试验区试点，经过五年时间的探索，取得了诸多阶段性成果，为打造以碳减排为核心的绿色金融体系奠定了良好的基础。

一、不断创新绿色金融产品和服务

湖州市和衢州市在绿色金融产品的创新上走在全省乃至全国前列。截至2021年底，湖州市、衢州市累计推出绿色金融创新产品及模式370余个。其中湖州市利用多种方式激励企业进行绿色技术创新，包括对绿色金融创新案例、绿色企业上市、企业绿色贷款等给予贷款贴息等支持。此外，湖州市银行机构还研发出超过110只绿色金融产品。衢州市在全国率先建立碳账户体系，涉及工业、农业等六大领域。安吉农商行首创"绿色信用贷"，该产品依托该行"绿色个人信用分"管理系统自建授信测算体系，贷款利率直接与"绿色个人信用分"的分值挂钩，通过批量授信模式授予信用额度，以此鼓励个人客户树立绿色理念、开展绿色生活。浙江湖州供电公司创新推出"能源碳效码"，并联合银行推出"能源碳效贷"，助力企业降低碳排放水平。湖州市和衢州市均设立了绿色产业投资基金，湖州市先后出台了《湖州市政府产业基金管理办法》《湖州市"中国制造2025"政府产业基金管理办法》等文件。截至2019年末，湖州市和衢州市已累计设立绿色基金225.3亿元。

在绿色金融产品不断创新的同时，湖州市和衢州市不断优化信贷结构。截至2020年末，湖州市绿色贷款余额达到1080.5亿元，按照湖州地方统计口径，其绿色信贷项目主要分布在"生态保护和适应气候变化""节能减排""资源节约与循环利用""污染防治""清洁交通"等领域，尤其是"生态保护和适应气候变化"类贷款，占全部绿色信贷的41.39%，为当地绿色贷款的主要组成部分。自2017年获批国家绿色金融创新改革试验区以来，湖州市绿色贷款年均增长31.3%，占全部贷款的18.19%，为湖州市绿色发展提供了坚实的金融保障。与此同时，湖州市"两高一剩"行业（高污染、高能耗的资源性行业以及产能过剩行业）贷款余额持续下降，从2017年的31.5亿元下降至2020年的11.88亿元。同时，衢州市辖区内已有各银行机构设立的绿色金融事业部共36个，培育绿色金融试点行28家。截至2022年初，衢州市辖区内绿色信贷余额1181.58亿元，与实行绿色金融改革前的2016年末相比增长约500%，占全部贷款比重的36.4%。

另外，试验区在绿色保险上也进行了许多探索。衢州市在全国率先试点安全生产和环境污染综合责任保险项目；同时，衢州市在落实安全生产和环境污染综合责任保险项目时积极明确行业标准，最终形成经衢州市市场监督管理局批准发布的、国内首个安环保险类市级地方标准《安全生产和环境污染综合责任保险服务规范》。此外，衢州市在前期充分实践的基础上，率先明确绿色保险的内涵和标准，首创绿色保险专项统计体系，该体系囊括主要险种保费收入及赔付支出、综合赔付率等多维监管指标，涵盖安全环境责任险等十余个领域，监测、引导保险机构持续提升绿色保险水平。湖州市推出了绿色建筑性能保险、企业环境污染责任保险以及绿色信用保证等绿色保险与绿色担保产品以支持企业低碳转型升级。截至2020年底，湖衢两地绿色保险承保金额合计达到840.6亿元。

二、完善绿色金融监管和政策体系

在绿色金融监管方面，试验区进行了积极的创新。

一是完善监管组织体系。绿色金融发展的正向激励固然重要，但绿色金融监管和责任追究制度亦不可少。湖州市经过几年来的逐步探索，进行了一批全国领先的绿色金融改革创新实践，为促进绿色金融健康高效发展，出台了《湖州市绿色金融促进条例》，为绿色金融法治化建设提供了"浙江方案"。同时，湖州银保监分局从监管的角度，推动银行保险机构积极践行新发展理念，改革组织架构及管理流程，创新、创建绿色金融监管体系。湖州市研发全国首个"绿色银行综合发展指数"、首个深化"智能监管＋EAST"应用，并推动浙江省绿色金融综合服务平台的数据应用建立绿色金融"黑名单"制度，对于出现违规操作的金融机构可考虑取消其财政贴息、税收等方面的优惠措施。此外，湖州市试验区还建立了由绿色金融风险补偿机制、环境信息披露机制、绿色金融自律机制等多机制构成的风险防范体系，以保障经济体系健康运行。

　　二是完善绿色金融标准体系。地方政府应充分结合浙江省绿色金融发展需要，制定省内统一的绿色企业和项目评估标准，并按时评估，将结果归集建立对应的绿色企业和项目白名单，这有助于明确绿色企业的发展规划，提高绿色企业和项目的落地速度，同时能够有效规避"洗绿"风险。湖州市先后制定了区域绿色金融发展指数评价规范、美丽乡村建设绿色贷款实施规范等13项"绿系列"绿色金融地方标准，在全国率先建立了地方统一、有公信力、可操作性强的绿色金融标准体系。而衢州市则以《绿色信贷指引》《绿色债券支持项目目录（2015版）》和各类绿色产业政策文件为基础，编制了《衢州市绿色金融政策支持项目目录》，对全域项目和企业进行绿色化普查。衢州市也建立了优质传统企业清单和环保负面清单，对进行绿色转型的企业给予政策支持，对不符合环境保护的传统企业实施信贷限制等措施。正面清单、负面清单相结合，既强化底线约束能力，也为投资者提供了明确可信的绿色投资标的。

　　三是完善政策扶持体系。湖州市政府先后出台"绿色金融25条""金融10条"等配套政策，安排10亿元财政专项资金和1亿元绿色贴息资金，对绿色金融产品创新、绿色信用贷款发放、绿色金融高端人才培养、绿色企业上市等给予奖励补助。此外，目前已有中国工商银行、中国农业银行、中国银行、中国建设银行、交通银行等17家金融机构总行将湖州作为系统内全国绿色金融改革创新试点单位，在资源配置、成本融资、业务试点、绩效考核等方面给予差异化政策支持。衢州市绿色金融业发展小组成功编制了《关于衢州市建设绿色金融改革创新试验区总体方案》《衢州市"十三五"绿色金融发展规划》，为衢州市绿色金融发展提供完善的制度保障。另外，湖州市和衢州市建立了绿色信贷产

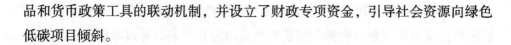

品和货币政策工具的联动机制，并设立了财政专项资金，引导社会资源向绿色低碳项目倾斜。

三、进行绿色金融系统平台建设

在系统平台建设方面，试验区结合实际开拓创新，打造出绿色金融新平台。

一是实现多部门涉企数据共享。衢州市"衢融通"平台和湖州市绿色金融综合平台的建设全部基于"信易贷"本地站。"衢融通"平台归集了企业综合信用数据、企业生产经营数据、电子证照数据和绿色金融专题数据，包含了35个政府部门数据，覆盖全市企业和个人的信息。湖州绿色金融综合平台数据基于湖州金融数据引擎，该引擎已归集43个部门、89张数据库表、186个数据接口，涵盖金融数据3.96亿条。

二是打造绿色金融综合平台。湖州市建立了绿色金融综合服务平台，其中包括"绿贷通""绿融通"和"绿信通"三个平台，从信贷、融资、担保、银行对接、资本对接、企业与项目认定等多方面为融资主体提供ESG评价、绿色认定、银行贷款、股权融资、政策担保、政策兑现等全生命周期绿色金融服务。截至2019年末，已有16213家企业完成注册，13650家企业获得授信，累计授信金额1445.39亿元。"衢融通"是衢州市建立的信用信息平台，连接"政、银、企"三方，破除了小微企业融资难的困境。政府通过"衢融通"平台公开传递相关政策信息，同时也受理企业的各项补助申请。"衢融通"综合性平台的建设在一定程度上克服了信息不对称、政策落地难等问题。截至2020年末，衢州市32家市级银行和7家国有担保公司已全部进驻平台，各家银行在平台上架了多种类型产品且支持多种贷款方式。

三是基于绿色金融综合平台开展绿色项目评级。试验区依托融资主体绿色评价系统，有效破解了绿色融资主体认定难、识别难的难题，为金融资源绿色化配置提供了高效、实用的工具，帮助银行精准对接绿色企业，提升融资效率、扩大融资规模。其中，衢州市采用第三方评价的方式实现了绿色项目线上认定与评价，即融资主体线上上传绿色评价申请信息，平台初筛和第三方专业机构线上评价，评价结果线上公示。湖州市开发了区域融资主体ESG自动评价体系，在大数据、云计算等现代信息技术的支撑下，根据设定的 ESG 评价标准自动为融资主体评分并确定绿色等级。此外，绿色项目识别与认证实现也要求扩大涉企信息的贡献范围，湖州市和衢州市不断推进多部门信息共享，为两地绿色金融综合平台提供了更大范围的数据基础。

第三节　浙江省绿色金融发展的政策环境

一、浙江省绿色金融领域重要政策梳理

"绿色"是党的二十大报告中的高频词，浙江省作为"绿水青山就是金山银山"理念的践行者，出台了一系列的绿色金融政策，协同绿色金融与高质量发展，以金山银山反哺绿水青山，将绿水青山转化为金山银山。其中具有环境效益的绿色项目有着普惠性和公共性的特征，急需政府政策的支持和引导。为此，浙江省不断制定并发布关于绿色金融的支持政策，积极助力绿色金融、绿色项目发展。（见表 3-1）

表 3-1　浙江省绿色金融领域重要政策文件梳理

时间	政策文件	主要内容
2022.3	《关于金融支持浙江高质量发展建设共同富裕示范区的意见》	深化湖州市绿色建筑和绿色金融协同发展改革创新，推动衢州市探索基于碳账户的转型金融路径，推进 ESG 信息披露，探索绿色资产证券化，研究建立绿色证券基金业务统计评价制度，为满足工业绿色发展需求，引导金融机构创新金融产品和服务等，打造浙江样板。
2022.2	《关于完整准确全面贯彻新发展理念做好碳达峰碳中和工作的实施意见》	明确实现碳达峰碳中和的阶段性目标以及实施路径。
2021.11	《关于加快建立健全绿色低碳循环发展经济体系的实施意见》	在构建绿色低碳循环发展的产业体系、清洁低碳安全高效的能源体系、绿色现代化的基础设施体系、市场导向的绿色技术创新体系等多方面提出实施建议。
2021.5	《关于金融支持碳达峰碳中和的指导意见》	首个省级金融支持碳达峰碳中和的政策文件，从融资总量目标、重点支持领域、创新服务体系、强化政策保障等 10 个方面提出 25 项举措，着力推动全省金融支持碳达峰碳中和工作。

续 表

时间	政策文件	主要内容
2021.5	《浙江省应对气候变化"十四五"规划》《浙江省生态环境保护"十四五"规划》	设置应对气候变化重点指标14项，包括综合指标、减缓气候变化、适应气候变化各领域指标和示范试点建设指标，锚定社会主义现代化先行省和美丽中国先行示范区建设目标，谋划部署了"5+5+12"的重点任务体系。
2020.9	《浙江省重点企（事）业单位温室气体排放核查管理办法（试行）》	规定核查内容，明确环境信用相关的指标评价与等级划分。
2017.6	《浙江省湖州市、衢州市建设绿色金融改革创新试验区总体方案》	设立试点，制定发展目标以及主要任务，湖州市侧重绿色金融支持绿色产业进行创新升级，衢州市侧重绿色金融支持传统产业进行绿色低碳转型。
2016.7	《浙江省碳排放权交易市场建设实施方案》	该方案明确了浙江省进行碳排放权交易市场建设的总体要求、主要目标、重点任务和保障措施。

资料来源：北大法宝。

二、以"双碳"为核心的绿色金融产品创新

走在绿色金融改革快车道上的浙江省，将"碳达峰""碳中和"视为实现绿色金融目标的有效抓手。实现"双碳"目标为绿色金融发展带来了广阔的空间，也为深化绿色金融改革指明了方向，即围绕碳减排目标完善绿色金融体系，创新绿色金融产品，打造金融支持碳达峰、碳中和的有效路径和机制。随着政策支持和基础平台的不断加码，浙江省绿色金融发展步伐进一步加快，推出了多种以"双碳"为核心的绿色金融产品。

一是全国碳市场于2021年正式运营，碳排放权及其相关金融工具迅速走热，进一步推动了碳金融衍生产品的研发创新。为实现"双碳"目标，浙江省随即出台了《浙江省碳排放配额抵押贷款操作指引（暂行）》，以期规范碳排放配额抵质押贷款业务的申请受理、价值评估、抵押登记等流程，并指导金融机构创新碳排放配额抵质押贷款的模式。

二是在建设碳账户的基础上，创新推出"碳融通""碳减贷"等信贷产品。其中衢州市农业银行、江山农商银行分别在工业领域、农业领域探索开发了"绿色减碳贷·工业助力贷""农业碳融通"等专项信贷产品，并在辖区内的传统工业企业和生猪养殖企业中率先落地。

三是对生态价值的转化机制进行创新，灵活运用绿色金融产品，为绿水青

山与金山银山牵线搭桥。如丽水市的"两山贷",是为农民融资量身定制的新的金融信贷产品,该产品以农民个人生态信用积分管理办法为基础,结合乡村生态治理情况、农民生态行为的正负面清单评定等级,对符合生态信用评级的农户给予信用贷款支持。截至 2021 年第二季度末,我国绿色贷款余额为 13.92 万亿元,其中,浙江省绿色贷款余额为 1.26 万亿元,约占全国绿色贷款余额的9.0%。根据《浙江省金融机构贷款投向报告》,2018 年末到 2020 年末,浙江省绿色贷款余额持续增长,绿色贷款余额的占比也保持着持续的小幅上涨,(如图3-3 所示)占浙江省所有贷款的 8.0%。

四是运用债券融资支持工具,积极推动蓝色债券、碳中和债等创新绿色产品落地。浙江省持续加强债券融资支持绿色产业的发展力度,积极拓展"绿色债券 +"创新产品,全面助力改善生态环境、缓解资源压力,促进经济绿色化转型,以高效、高质量实现"双碳"目标。

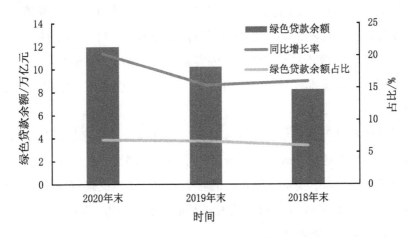

图 3-3 浙江省历年绿色贷款余额

三、积极推进碳交易市场建设,环境权益交易市场成效显著

浙江省是全国首批用能权交易试点省,平台于 2018 年启用。截至 2020 年底,在浙江用能权交易平台上共完成交易 30 笔,涉及 77.25 万吨标准煤,总交易金额 8278 万元。同时,浙江省也是全国第一批排污权交易试点省份,已有超

过十年的交易实践。

浙江省正在积极推进碳交易市场的建设。碳交易市场以低碳发展为目的，通过市场价格机制作用，吸引更多的金融机构与投资者参与到低碳领域中，进而优化资源配置，降低减排成本，落实环保项目，为低碳经济的发展提供支撑。2016年，浙江省人民政府发布了《浙江省碳排放权交易市场建设实施方案》，提出加强碳金融体系建设，适时发展碳债券、碳信托、碳基金等碳金融产品，支撑碳市场建设；培育碳资产委托管理、碳排放权交易咨询、第三方核查及相关的碳金融等服务机构，带动碳市场服务业发展，并鼓励企业开发CCER项目。2020年发布的《浙江省应对气候变化"十四五"规划》中表示要积极参与全国碳市场建设，建成浙江省气候变化研究交流平台，建立完善企业碳排放监测、报告、核查体系。2021年5月发布的《浙江省生态环境保护"十四五"规划》提出，要发展生态系统碳汇交易，完善CCER交易管理制度，努力优先将林业碳汇交易项目纳入浙江省碳市场交易体系；积极开发林业、海洋、湿地等碳汇产品，探索建立符合本省实际的碳汇建设和交易体系。2021年11月发布的《关于加快建立健全绿色低碳循环发展经济体系的实施意见》提出，要全面参与碳市场建设，健全用能权和碳排放权协同协调机制，探索建立全省碳排放配额分配管理机制。

一系列政策规范的出台，正逐步推进着浙江省碳交易市场的建设与完善。随着碳交易市场的优化和碳债券等金融产品的不断创新，碳交易的相关信息将得到及时准确的反映，有利于碳市场的各类参与主体达成碳信息共享，共建环境权益市场，以市场机制解决不断恶化的环境问题，助力"双碳"目标，实现基于环境权益的绿色金融创新。

四、逐步完善绿色金融监管，初步建立环境信息披露体系

浙江省围绕国家"十四五"规划和"双碳"目标，坚持绿色发展理念，将可持续发展战略与金融创新相结合，将ESG理念逐渐融入绿色金融监管领域中，初步构建起绿色金融监管信息共享平台和"评价、监管、应用"三大监管体系。

ESG信息披露机制不仅有助于帮助上市企业完善自身的风险防控体系，提

升风险管理能力，还有助于帮助投资者深入了解绿色项目和产品，减少信息不对称所带来的风险。同时，企业环境信息披露体系的建设，对调动金融机构参与绿色金融的积极性、管理绿色金融风险及强化政府与金融机构合作具有重要作用。环境信息披露机制的运行离不开政府的支持，浙江省已初步建立环境信息披露框架，要求重点排污单位强制披露环境信息。披露框架主要包括环境信用等级、制度建设、污染物排放数据、环保投资、环保处罚等。浙江省针对重点排污企业还建立了自行监测信息公开平台，纳入了6626家重点排污企业的环境数据信息。同时，生态环境部门在门户网站、"信用浙江"等网站定期披露行政处罚、企业环境信用等级相关的企业环境信息。2021年发布的《关于金融支持浙江高质量发展建设共同富裕示范区的意见》明确提出"推进上市公司环境、社会和治理（ESG）信息披露"。衢州市也在积极探索通过金融机构对非上市企业按ESG原则开展披露环境信息，逐步建立环境信息披露制度，进而完善绿色金融监管体系。

第四节　浙江省绿色金融发展面临的主要问题

虽然，浙江省在绿色金融发展过程中取得了显著的成果，整体发展势头向好，但是"双碳"目标想要完全、如期实现，根据目前的发展状况来看，仍存在诸多问题。结合前文绿色金融支持实现"双碳"目标的作用机制分析，主要有以下几个方面。

一、绿色金融产品类型单一，无法支撑"双碳"目标融资需求

从融资结构看，浙江省绿色金融产品仍然以绿色信贷为主。绿色金融国际研究院数据显示，2019年绿色债券、绿色资产证券化项目、绿色股权融资占绿色项目融资总额的比重不超过5%。在近两年的发展过程中，虽然研发了诸如环境权益抵押贷款、绿色融资担保基金、绿色建筑贷款、绿色保险等创新绿色金融产品，但因其有限的应用范围，尚未进行大范围的推广。此外，发展绿色业务的金融机构主要集中在国有大型银行、股份制银行等金融机构，城商行、

农商行的业务量较小（如图 3-4 所示），这就导致了资源配置失衡，资金缺口扩大，从而使得绿色金融产品创新受到制约。碳达峰、碳中和目标提出后，浙江省将面对更大的投融资需求，目前的绿色金融产品已远不能满足相关需求。

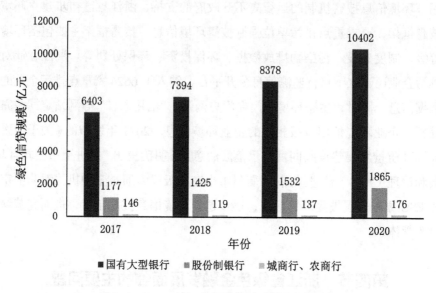

图 3-4　2017—2020 年不同金融机构绿色信贷规模

数据来源：Wind 数据库。

二、"双碳"目标下绿色金融监管机制亟待加强

1.ESG 信息披露不足

为助力"双碳"目标的实现，企业的绿色低碳转型发展尤其重要，这要求企业除关注自身财务因素外，还需关注非财务因素。ESG 信息披露能够有效量度上市公司在环境、社会和公司治理三方面的表现，有助于在"双碳"目标下引导企业进行绿色低碳转型。

我国的环境信息披露机制无论是披露范围、披露内容还是强制程度都与国外发展程度存在着较大的差距。一是披露覆盖主体范围小。在上市企业中，仅重点排污企业有强制性环境信息披露义务。根据 Wind 数据库 2019 年全国的 30 省份社会责任报告披露比例，浙江省披露比例不足 5%（如图 3-5 所示）。二是披露质量不高。根据IIGF ESG数据库2018年的统计，浙江省内公开披露环境信息的企业大多披露的是定性数据，公开定量环境信息的企业少于40%。三是披露强制性不高。虽然有关部门提供了关于ESG信息披露的政策指导，但政策规定仍以自愿披露为主，企业主动披露相关环境风险和环保负面信息的意识不强，以浙江省的67家受处罚的上市企业为例，没有一家主动披露相关环境信息。

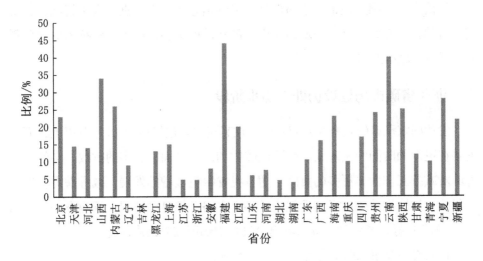

图3-5　2019年全国的30省份社会责任报告披露比例

2. 缺少全省统一的绿色金融标准

在绿色金融产品的认证过程中，统一的绿色金融标准是必不可少的。《绿色债券支持项目目录》和《绿色债券发行指引》是央行发布的两套标准，这两套标准的设定较为宏观，且两者之间存在较大差异，不利于绿色债券的认证。虽然目前浙江省绿色债券市场中大部分主体公开了募集资金投向，但由于缺少统一的绿色债券分类标准以及较为完善的评价机制，容易出现"漂绿"的企业和项目，从而引发信用风险。在绿色项目认定上，湖州、衢州虽已形成一套线上化、流程化的绿色项目认定标准和方法，但其存在着一定的地域性，浙江省尚未形成统一的绿色金融标准。

3. 缺少统一的信息数据共享平台

信息是绿色金融支持低碳发展的重要抓手，绿色金融活动的有序开展离不开公开透明的信息。碳信息和信息披露数据共享是环境效益核算以及金融部门有效识别绿色企业和项目的重要前提。但是，目前不同的部门掌握不同的信息，且各部门之间的信息独立，并未实现共享，如生态环境部门掌握碳排放核查信息，发展和改革委员会掌握企业耗能信息、项目评估信息，统计部门掌握碳排放统计信息，中国人民银行掌握信贷、债券信息等。大数据、人工智能、区块链等科学技术在绿色金融领域的应用广度和深度不够，绿色金融技术的滞后掣肘了绿色金融的发展。

三、浙江省碳市场建设仍处于初步阶段

发达国家承诺的碳中和时间一般是在其实现碳达峰后的 45 年及以上，而我国要在更短的时间内实现碳达峰再到碳中和，需要面临更多的挑战，必然要求省域对减排工作做出更多的贡献。随着我省绿色金融的发展，减排潜力将进一步释放，加快推动碳市场建设就成了必由之路。借鉴国外碳市场建设经验，结合"双碳"目标，浙江省在碳市场建设过程中仍面临着诸多问题。

1. 碳交易配额机制不完善

根据《浙江省碳排放权管理实施细则（试行）》规定，浙江省碳排放配额分配方式仍以免费分配为主，由省级生态环境主管部门待生态环境部下发配额总量后，向重点排放单位分配规定年度的碳排放配额。碳排放配额方式以免费分配为主，容易导致大量配额浪费，碳排放配额过剩，从而导致碳价疲软，不利于吸引更多的主体参与碳交易，使得碳市场交易效率低下。

2. 碳金融产品较为单一，以现货交易为主

虽然浙江省近年来在碳交易产品方面有所创新，如碳排放权质押贷款等，但累计交易量相对较少，且目前的碳交易方式仍以现货交易为主，尚未开展期货交易方面的探索。碳期货等碳金融衍生产品对于提高市场流动性、提高碳交易市场交易的活跃程度、降低价格波动风险等方面具有重要的意义。这方面的市场建设还处于初步阶段。

3.市场参与主体较少，缺乏流动性

目前浙江省乃至全国碳市场的交易主体主要是电力行业的企业，在行业特点、减排能力、减排需求、技术水平等方面呈现高度的同质化。据《浙江省碳排放权交易管理办法（试行）》，本阶段纳入温室气体重点排放单位须满足以下条件：属于全国碳排放权交易市场覆盖行业且年度温室气体排放量达到2.6万吨。这一规定说明，目前个人投资者与机构投资者暂时还无法参与交易，仅有被分配到碳排放配额的企业可以参与。市场参与主体较为单一，无法形成多层次、多维度、有活力的市场，市场缺乏流动性，就无法充分发挥金融市场的价格发现功能。

4.碳价下行，碳交易配额总量有待收紧

我国的碳价水平偏低。2021年5月17日，欧盟碳市场碳价突破历史高位，达到56.43欧元/吨，而我国碳排放交易试点地区的碳价为1.15～10.83欧元/吨。2011年，首批林业碳汇价格为18元/吨，然而经专家测算，1t碳汇指标的造林成本至少需要90元。碳价过低一方面意味着企业碳排放的比较成本小，从而削弱企业参与碳交易的积极性；另一方面，使得碳配额有所剩余的企业难以得到应有的回报，从而削弱投资者的参与热情，最终影响碳市场的活跃程度。碳排放配额的多少取决于配额总量，碳价的高低受到配额影响。目前较为宽松的总量设置，导致碳市场交易活跃度不足，使得碳价维持在较低水平。

四、绿色金融政策法律体系与"双碳"目标要求仍有差距

1.相关法律法规有待完善

一是关于绿色金融的立法层次较低，多为规范性文件，缺少专门立法的支持。部门规章的法律授权和规定主要来源于国务院和部委，各类通知、意见零散，没有法律所具有的权威性、执行力和强制力。例如，《绿色信贷指引》是我国目前有关绿色信贷产品和活动的主要政策依据，该政策文件属于原则性的指导意见，不具有法律强制约束力，因此在实践中的可操作性不强。

二是绿色金融责任追究机制尚不完善，缺乏对责任的认定标准。责任追究机制是保障制度执行的重要力量，缺乏法律的刚性约束和责任的承担，不利于

强化企业环境保护意识，促使企业和相关参与主体积极贯彻落实环境保护的义务。2015 年出台的《环境保护法》中第六条规定，个人和所有单位都有保护环境的义务，企事业单位和其他经营生产活动应当防止、减少环境污染和生态破坏，对所造成的损害依法承担责任。虽然《环境保护法》规定所有主体都有保护环境的义务，并对环境污染和生态破坏承担责任，但其规定的法律责任主要针对直接污染行为人，对银行业等金融机构没有效力，且没有对不承担法律责任后果的法律责任作出规定。

2. 政策的可操作性较弱

实现"双碳"目标是一个长期的过程，是涉及经济、社会、环境的多方面的变革，需要具体可行的路线规划。虽然浙江省已出台了一些绿色金融相关的政策，但部分政策主要集中于目标愿景，政策内容的可操作性不强，无法满足实现碳达峰、碳中和目标的要求。如浙江省仅在应对气候变化的"十四五"规划中提到了"坚决落实碳达峰、碳中和要求，实施碳达峰行动"，并没有对实现"双碳"目标的具体计划、时间表、路线图等作出明确的规划。

五、缺乏区域协同掣肘长三角绿色金融一体化发展

"双碳"目标下，积极推进长三角绿色金融一体化对于加快实现碳达峰、碳中和目标具有重要的意义。浙江省生态文明建设基础良好，绿色金融发展走在全国前列。然而长三角绿色金融发展现状仍无法与高质量的一体化发展相匹配，在减排工作中无法发挥其协同效应，存在着诸多挑战，主要表现在以下几个方面。

1. 三省一市的绿色金融发展不同步、不平衡

从各省市绿色金融的发展情况看，浙江省是全国首批也是长三角地区唯一获批绿色金融改革创新试点的省份，在绿色金融体系建设上已取得初步成效。江苏省在有关绿色金融发展的政策体系设计上也起步较早。江、浙两省的市场体量处于领先地位，绿色债券发行额占长三角地区总额的 80% 以上。上海市作为国际金融中心有着天然的优势，再加上碳交易市场的运行，整体绿色金融发展水平持续上升。而安徽省有关绿色金融发展的政策措施相对较少，整体发展

较为滞后。

2.缺少跨区域、跨部门的统筹机制和交流平台

由于长三角在绿色金融领域缺少统筹机制和交流平台,各省市在制定推动实现碳达峰碳中和目标的战略规划上缺少协同和对接,呈现出高度的碎片化,无法进行有效的分工和准确的目标定位。这也使得在湖州、衢州初步形成的绿色金融发展经验难以在长三角地区快速推广。

3.跨区域的绿色金融基础设施建设有待加强

对于实现跨区域的资源、信息流通,配套基础设施的建设至关重要。长三角地区还未建立统一的市场体系,各市场之间的信息不透明,价格形成机制不健全。例如,在环境权益交易上,江浙市场已具备一定基础,但两地的排污权定价差距较大,2021 年 3 月,浙江省排污权交易平均价格为 2.86 万元 / 吨,而江苏省同期仅为 5000 元 / 吨。

第四章

浙江省绿色金融发展对区域金融安全的影响研究

第一节　浙江省区域金融安全评价指标体系的构建

一、指标体系构建原则

浙江省区域金融安全指数是浙江省内金融运行状况的客观反映，为合理评估浙江省区域金融安全状况以及绿色金融发展对其产生的影响，需要构建完善的评估体系。而选取恰当的指标，对于保证指数构建的合理性和适用性具有重要的理论意义和现实意义。指标体系的设计和选取遵循如下基本原则。

1. 系统性原则

科学地设计能够测度评价浙江省区域金融安全的指标体系，首先要在切合金融发展的内涵和特征的基础上，注重指标的系统性。系统性原则要求在选取指标时，应当使得各个子系统之间相互独立，但是各个指标之间有一定的内在联系，这样才能让整个指标体系更加合理和具有逻辑性。从金融安全整体角度出发，选择合适的度量指标，既要面面俱到又要能够提纲挈领，反映金融的整体发展方向。过多过细的指标可能导致评价体系无法辨别重点，偏离整体发展水平的研究方向，从而使得测量结果失去实际意义。因此，由不同指标、子系统构成的指标体系才能成为一个有机的统一整体，使得所用以测量的指标体系更加系统和全面。

2. 科学性原则

设计和选取指标体系不仅要满足理论要求，还必须能反映评价对象的真实情况，应当选用具备科学性原则的客观指标，避免主观评价指标的随意性。科学性原则要求指标体系的设计和指标的选取必须符合客观事实，不能随意杜撰相关内容，所选取的指标要能够合理客观地反映金融安全的真实情况。因此，在科学性原则的指导下，我们应该选择更具有典型性的指标来突出表现浙江省金融安全水平，使得指标体系在金融发展的各个阶段和时期能够体现浙江省金融安全水平上的变化过程，以及各个领域间的水平与差距。

3. 可行性原则

可行性原则要求所选择的指标能够使得后续的研究顺利地进行下去，指标数据的获取应当便于搜集、整理和计算。具体而言，金融安全有着丰富的内涵和现实意义，从理论出发构建浙江省区域金融安全测度体系应该尽可能选取细致的指标，以全面反映整体状况。然而，一方面，选取过多的指标会导致各指标间的共线性程度加大，统计分析的计算误差风险增加；另一方面，选取过度细致的指标会增加数据收集和处理的难度，使得指标体系的可行性降低。因此，在设计区域金融安全评价体系时，应充分考虑指标之间的关系和数据来源，在实现指标间的相互配合的同时，保证浙江省区域金融安全水平测度体系的实用性。

4. 可比性原则

浙江省区域金融安全水平是在比较中存在的，是一个相对水平概念。对于金融安全水平的评价不应该局限于自身的发展程度和状况，而是需要满足可比性原则。可比性原则要求我们在计算相关数据时应当采取规范化和统一化的方法，这样才能使得不同的指标在不同的研究对象之间能够进行对比；并且要求我们在避免指标选取重复和冗余的同时，考虑相关指标是否具有独立的现实社会价值。可比性原则还要求测度指标能够反映区域金融安全的现实社会意义，既能够表示相对变化又能够直接阅读出金融安全的绝对水平。所以，在度量指标的设定过程中需要权衡各方面的利弊，以期所构建的体系能够比较分析浙江省区域金融安全在不同侧面的程度。

二、浙江省区域金融安全评价指标体系

浙江省区域金融安全指标选取原则确立后，需要严格按照规定选取各类评价指标。由于金融风险具有系统性、不确定性和传染性等特征，区域金融安全

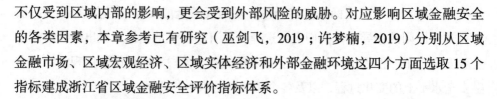

不仅受到区域内部的影响，更会受到外部风险的威胁。对应影响区域金融安全的各类因素，本章参考已有研究（巫剑飞，2019；许梦楠，2019）分别从区域金融市场、区域宏观经济、区域实体经济和外部金融环境这四个方面选取 15 个指标建成浙江省区域金融安全评价指标体系。

（一）区域金融市场安全指标

1. 金融机构本外币存款余额增长率

金融机构本外币存款余额的变动在一定程度上体现了区域内流通货币量的增减，存款余额的大幅波动或骤然减少会导致金融机构业务能力受到限制（沈伟，2021），导致银行业对企业信贷资源的投放能力形成干扰，使得宏观财政政策难以通过信贷渠道刺激经济增长，削弱金融支持实体经济和抵御风险的能力。（万伟，2015；李静婷，2020）从另一个角度分析，地区金融机构本外币存款余额也是经济发展预期的反映，存款余额的变化受到经济运行情况的影响，这类存款与经济形势的内在联系使得金融机构本外币存款余额增长率能为金融安全的评估提供良好借鉴。

2. 金融机构本外币贷款余额增长率

贷款业务不仅是提高金融机构盈利的收入来源，更是助力地区金融发展的加速器，贷款余额增速过快意味着金融机构盈利能力提升的同时也面临着更多的不确定因素，并且贷款规模增速与经济增长的实际需要不匹配时又会直接影响地区金融安全发展。控制好区域内金融机构本外币贷款余额增长率是维护金融安全运行的重要手段。（萧月等，2022）因此，需要加强对贷款余额增长率的监控，并结合区域经济发展对其加以调整。

3. 保险深度

保险深度是指地区保费收入占该地 GDP 之比，保险深度反映了该地保险业在整个国民经济中的地位，这一数值的大小取决于经济总体发展水平和保险业的发展速度。如果保险深度持续下降，则说明区域内保险业的发展遭遇了瓶颈或标的资产出现了较大的不确定性。保险业作为金融市场的一部分，这种不确定性和发展乏力会进一步传染至整个金融市场，影响区域金融安全。（黎仁华等，2018）

4.银行业不良贷款率

银行业不良贷款会对金融安全发展构成重大威胁,不良贷款率更是影响金融稳定的重要指标,加强信贷资产质量管理和信贷资产投放安全管理至关重要。银行业作为金融市场的重要组成部分,是经济发展的核心节点,银行业不良贷款率的波动会通过信贷、资金等渠道层层传递到各个领域中,对经济安全造成影响。(祝继高等,2012;王秀丽等,2014;王广宇等,2019)反之,经济波动又会通过信息不对称程度的增加影响区域金融市场的安全。将银行业不良贷款率作为区域金融安全指标,能够及时评估信贷质量,监测金融安全。

5.证券从业人员数量增长率

作为企业筹集社会资金的另一渠道和联系资金供给者与需求者的桥梁,证券市场是区域内机构或个人进行金融活动的重要场所。当区域内金融发展过于迅速时,证券市场的投资需求会显著增加,这表现为证券营业部数量的增加和证券从业人员数量的增加。因此,通过证券从业人员数量增长率这一指标,可以分析投资者对地区证券市场的参与热情,可以如实反映地区金融的发展和安全稳定程度。

(二)区域宏观经济安全指标

1.地区 GDP 增长率

地区宏观经济是当地金融业发展的物质基础,地区宏观经济的发展程度会直接影响金融发展的稳定程度。当地区宏观经济发展良好、增长迅速时,能为金融业务的发展提供大量的机会,减少不确定因素的威胁,提升金融业抵御风险的能力,并提高金融安全程度。(顾海兵等,2012)而地区 GDP 增长率作为衡量地区经济发展程度的代表性指标,能够反映浙江省内经济发展的总体程度。

2.地方财政收入增长率

作为衡量地区政府财力的重要指标,财政收入表现为政府部门在一定时期内的货币收入,地区政府在社会经济活动中提供公共物品和服务的范围和数量,在很大程度上取决于财政收入的充裕状况。财政收入关系到政府政策的实施及各行业生产积极性的调动,是一项重要的宏观经济安全测度指标。(胡胜等,2017;卞志村等,2021)地方财政收入的增加有利于地方金融业务的发展和成熟，发挥政府在金融安全发展过程中的引导和支持作用。

3. 地区 CPI 增长率

地区 CPI 是反映浙江省内与居民生活有关的消费品及服务价格水平的变动情况的重要宏观经济指标，也是宏观经济分析与决策以及国民经济核算的重要指标。CPI 的高低能够直接影响政府宏观经济调控措施的出台与力度，并反映出通货膨胀或紧缩的程度。更重要的是，CPI 的高低会影响金融市场（如股票市场、期货市场、债券市场）的变化。合理的 CPI 水平意味着经济的健康发展，过高或过低的 CPI 则会与经济过热或者经济不景气同伴，削弱金融安全能力。

（三）区域实体经济安全指标

1. 固定资产投资增长率

固定资产投资包括基本建设投资、更新改造投资、房地产开发投资、其他固定资产投资等，是促进区域经济发展的重要手段。固定资产投资的增加能够促进地区经济的发展和产业结构的升级，并带动资金需求量的增加，促进金融平稳健康发展。固定资产投资往往与房地产市场产生关联，房地产投资作为固定资产投资的重要组成部分，其市场的波动会显著影响相关企业的贷款和投资，进而威胁金融安全。因此，固定资产投资增长率是区域实体经济安全的重要指标。

2. 进出口总额增长率

当前在我国不断深化改革开放的背景下，地区经济的发展不仅依赖于内部大环境，还需要引入外部资金、增加对外出口能力。（张安军，2020）而区域实体经济安全也包括区域对外贸易的稳定发展，进出口总额增长率能够反映区域实体经济发展水平的波动情况。区域进出口企业的发展越稳定表明相关企业的经济效益越高，对地区金融发展的贡献能力越强，并且进出口企业能够及时偿还贷款，减少对区域金融安全的威胁。

3. 工业增加值增长率

作为区域实体经济的重要组成部分，工业企业是经济发展的核心主力也是金融市场的主要参与者。工业企业的发展关系到金融市场投融资业务的安全运行，一旦区域内的工业企业出现问题，金融市场必定受到直接的冲击，金融市场上各类交易额会大幅下挫。（任英华等，2022）此外，工业企业是金融机构的主要贷款投向，工业企业盈利能力的下滑会导致其资金链的断裂，进而使得银行业不良贷款率上升，影响整个金融市场的安全发展。

（四）外部金融环境安全指标

1. 货币化程度

货币化程度也即马歇尔 K 值，是指一定经济范围内通过货币进行商品与服务交换的价值与国民生产总值的比值，反映了区域外部的整体金融环境，其计算方法是 M2 与 GNP 的比值。随着金融经济发展和货币化程度的加深，货币化程度会呈现倒 U 形趋势。（杨松等，2020）当前我国仍处于上升阶段，高水平的货币化程度并不意味着金融市场的发达，而是由于各类生产要素资本化扩大了基础货币的投放并通过乘数放大了 M2。因此，需要根据地区经济发展程度，结合外部金融环境整体评估区域金融安全水平。

2. 上证综合指数增长率

股票市场是一国经济发展的晴雨表，区域金融发展需要一个稳定、健康、安全的金融环境，金融环境安全一般包括外部因素和内部因素。（朱正等，2015；肖斌卿等，2015；田金方等，2020）在内部因素中，上证综合指数是反映我国股票市场的综合性指标，其样本股是在上海证券交易所全部上市股票。整个股票市场的波动会遵循经济规律传导到其他市场领域，在较大程度上直接影响区域金融安全的整体水平，是外部金融环境安全指标的重要组成部分。

3. 人民币实际有效汇率指数

在外部金融环境中，国际汇率是影响金融安全的重要因素，由于利率市场化改革的不断深入，无风险利率呈上升趋势，金融机构的活期存款和存款总额的比例有降低的可能性，汇率波动加大将会加剧金融系统的不稳定性。无论处在何种发展阶段，汇率都是导致金融脆弱性的重要因素。（张发林等，2018；刘晓星等，2021）汇率的过度波动现象，促进了虚拟资本的跨国流动，削弱了货币当局的控制力，加重了金融系统的脆弱性。即使央行承担最后贷款人的责任，银行等金融机构的危机也不可避免。

4. 通货膨胀率

与区域 CPI 变动所反映的内容不同，通货膨胀率从整体上反映了外部金融安全水平，其水平的高低可以在一定程度上体现一个经济体的经济活跃程度。若通货膨胀率持续较高，那么市场价格机制就会失去原有的价格调控功能。这种现象不仅会造成社会资源配置不合理，而且会导致货币购买力下降，居民实际收入水平下降，从而降低投资水平，使得经济增长率下降。与此同时，货币贬值还会造成人们疯狂抢购黄金、房产、外汇等能够保值增值的实物资产，而这势必会影响正常的经济活动，譬如造成房价高涨，形成泡沫经济。当通货膨胀率持续上升形成恶性通货膨胀时，就会对整个经济社会造成严重的负面影响，甚至爆发金融危机。（王娟，2017；王凯等，2016；吴振宇等，2021）

遵循系统、科学、可行、可比的原则，本章分别将四个方面所选取的指标进行标注，如表 4-1 所示。

表 4-1　区域金融安全指标体系

指标分类	指标名称	指标代码
区域金融市场安全指标 (S1)	金融机构本外币存款余额增长率	A1
	金融机构本外币贷款余额增长率	A2
	保险深度	A3
	银行业不良贷款率	A4
	证券从业人员数量增长率	A5
区域宏观经济安全指标 (S2)	GDP 增长率	A6
	地方财政收入增长率	A7
	CPI 增长率	A8
区域实体经济安全指标 (S3)	固定资产投资增长率	A9
	进出口总额增长率	A10
	工业增加值增长率	A11
外部金融环境安全指标 (S4)	货币化程度	A12
	上证综合指数增长率	A13
	人民币实际有效汇率指数	A14
	通货膨胀率	A15

第二节 浙江省区域金融安全指数的测算

一、样本数据的选取和来源

本章选取的样本为 2005—2020 年的年度数据，该样本区间包含了 2008 年次贷危机、2015 年资本市场大震荡、《环境保护法》的出台以及 2017 年浙江省入选绿色金融创新改革试验区等重要的金融事件，因此，研究的结果更具有参考价值。本章所使用的数据来源于《浙江省金融运行报告》《浙江统计年鉴》和《浙江金融年鉴》。

二、区域金融安全指数的权重设置及计算

主成分分析法的主要思想是降维，即把原来多个相关性较强的变量通过线性变换成几个不相关的变量。主成分分析法计算某指标权重需要两项数据，即：总方差解释率和该指标在各主成分线性组合中的系数。有了以上两项数据后，主成分分析法依据有关的计算原理可以推导出各指标的权重。

1. 指标正向化

根据指标的选择，在进行主成分分析前需要对指标体系中极小值指标进行正向化处理。极小值指标，即指标值越小代表区域金融安全水平越高的指标。由于本章所选择的指标集均为百分数的形式，本章将极小值指标进行 $X'=1-X$ 的处理，其中 X 为原始数据，X' 为正向化调整后的数据。根据相关理论和相似依据，浙江省区域金融安全指标体系中的极小值指标为：银行业不良贷款率、CPI 增长率、人民币实际有效汇率指数和通货膨胀率。

2. 指标标准化

由于浙江省区域金融安全指标体系来源于宏观、微观等各个层面，其指标体系中各指标具有不同的量纲，这会对最终主成分的选择结果的准确性造成影响。为消除不同量纲的影响，本章在进行主成分分析之前，对原始数据进行标准化处理。数据标准化处理所采用的具体方法如下：

$$Y_{ij}=\frac{X_{ij}-\bar{X}_i}{\mathrm{Var}(X_i)}$$

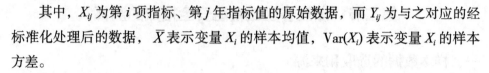
其中，X_{ij} 为第 i 项指标、第 j 年指标值的原始数据，而 Y_{ij} 为与之对应的经标准化处理后的数据，$\bar{X}$ 表示变量 X_i 的样本均值，$Var(X_i)$ 表示变量 X_i 的样本方差。

3. 主成分分析

本章运用 SPSS 27 软件对前文构建的浙江省区域金融安全指标体系进行主成分分析，并计算区域金融安全指数。如表 4-2 所示，在浙江省区域金融安全指标体系的 15 个成分中，前三个的特征值大于 1。具体而言，提取的第一个主成分特征值为 8.289，能够解释 55.262% 的方差，这表明浙江省区域金融安全指标体系所含有信息的 55.262% 可以通过主成分 1 进行解释。同理，表 4-2 中第 2 和第 3 个主成分的方差贡献率为 17.995% 和 8.825%，累计达到 82.082%。这说明特征值大于 1 的主成分能够反映原始指标数据所包含 82.082% 的信息。而图 4-1 为主成分分析碎石图，从图中可以明显观察到前 3 个主成分的特征值变化较为明显，自第 4 个开始的主成分特征值的变化逐渐平缓，应选择前 3 个主成分进行替代分析。因此，通过总方差解释率分析，使用以上 3 个主成分替代原始指标数据是可行的。

表 4-2　总方差解释率

成分	特征根			主成分提取		
	特征根	方差解释率 (%)	累计 (%)	特征根	方差解释率 (%)	累计 (%)
A1	8.289	55.262	55.262	8.289	55.262	55.262
A2	2.699	17.995	73.257	2.699	17.995	73.257
A3	1.324	8.825	82.082	1.324	8.825	82.082
A4	0.822	5.481	87.563			
A5	0.706	4.708	92.271			
A6	0.485	3.236	95.507			
A7	0.387	2.577	98.084			
A8	0.182	1.213	99.297			
A9	0.058	0.388	99.684			
A10	0.034	0.225	99.910			
A11	0.008	0.054	99.963			
A12	0.003	0.018	99.982			
A13	0.002	0.011	99.993			
A14	0.001	0.007	100.000			
A15	0.000	0.000	100.000			

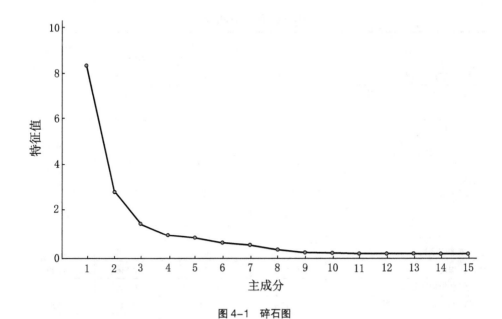

图 4-1　碎石图

通过主成分分析能够得到每个原始变量的因子表达式的系数，即因子载荷矩阵，如表 4-3 所示，它表示由主成分提取的公因子对原始变量的影响程度。从表 4-3 可以看出，大部分指标变量的共性方差都在 0.7 以上，说明这些公因子能够较好地反映原始指标变量的大部分信息。而因子载荷的绝对值同公因子和原变量之间的相关性成正比，前者越大，代表公因子和原变量之间的相关性就越强，表示得到的公因子越能够全面地反映原变量的信息。从表 4-3 的分析中可知，主成分 1 中金融机构本外币存款余额增长率、金融机构本外币贷款余额增长率、保险深度、银行业不良贷款率、证券从业人员数量增长率、GDP 增长率、货币化程度的载荷系数绝对值较大，这表明这些指标能够被主成分 1 综合性地代表。主成分 2 中地方财政收入增长率、CPI 增长率、工业增加值增长率、上证综合指数增长率和人民币实际有效汇率指数的载荷系数绝对值较大，说明主成分 2 能够系统性地代表这些指标。而固定资产投资增长率、进出口总额增长率和通货膨胀率在主成分 3 中能够被较好地替代。

表4-3　因子载荷矩阵

名称	载荷系数			共同度
	主成分 F1	主成分 F2	主成分 F3	
金融机构本外币存款余额增长率	0.823	−0.408	−0.010	0.843
金融机构本外币贷款余额增长率	0.885	−0.345	0.054	0.905
保险深度	0.986	0.091	−0.036	0.983
银行业不良贷款率	0.962	−0.062	0.105	0.941
证券从业人员数量增长率	0.986	0.085	−0.045	0.981
GDP 增长率	0.984	0.104	0.025	0.980
地方财政收入增长率	0.077	0.596	0.527	0.639
CPI 增长率	0.144	0.725	−0.008	0.547
固定资产投资增长率	0.864	−0.074	0.381	0.897
进出口总额增长率	0.921	−0.080	−0.142	0.876
工业增加值增长率	0.502	0.664	−0.148	0.715
货币化程度	0.905	−0.107	−0.136	0.849
上证综合指数增长率	0.462	0.781	−0.206	0.866
人民币实际有效汇率指数	−0.278	0.650	−0.133	0.517
通货膨胀率	−0.077	0.075	0.873	0.774

　　将主成分1、主成分2和主成分3的数值乘上各自的特征值的算术平方根之后，便可以得到主成分得分，见表4-4的第2～4列。进一步将计算得到的主成分得分值按方差解释率的贡献进行加权后，可以计算得到浙江省区域金融安全指标综合得分系数，如表4-4的第5列所示。

表4-4　线性组合系数及权重结果表

名称	主成分 F1	主成分 F2	主成分 F3	综合得分系数	权重
特征根	8.289	2.699	1.324		
方差解释率	55.262	17.995	8.825		
金融机构本外币存款余额增长率	0.286	−0.248	−0.009	0.137	5.27%
金融机构本外币贷款余额增长率	0.307	−0.210	0.047	0.166	6.38%
保险深度	0.342	0.055	−0.031	0.239	9.20%
银行业不良贷款率	0.334	−0.038	0.091	0.226	8.71%
证券从业人员数量增长率	0.342	0.052	−0.039	0.238	9.14%
GDP 增长率	0.342	0.063	0.022	0.246	9.47%
地方财政收入增长率	0.027	0.363	0.458	0.147	5.64%
CPI 增长率	0.050	0.441	−0.007	0.130	4.99%
固定资产投资增长率	0.300	−0.045	0.331	0.228	8.76%
进出口总额增长率	0.320	−0.049	−0.123	0.191	7.36%

续　表

名称	主成分 F1	主成分 F2	主成分 F3	综合得分系数	权重
工业增加值增长率	0.174	0.404	−0.129	0.192	7.39%
货币化程度	0.314	−0.065	−0.118	0.185	7.10%
上证综合指数增长率	0.160	0.475	−0.179	0.193	7.42%
人民币实际有效汇率指数	−0.097	0.396	−0.116	0.009	0.36%
通货膨胀率	−0.027	0.046	0.759	0.074	2.83%

根据上表的浙江省区域金融安全综合得分系数，可以计算得出 2005—2020 年浙江省区域金融安全指数。根据指数的一般表示方法，将指数映射到 0～100 的区间。其转换公式为：

$$指数 = \frac{X-\mathrm{Min}X}{\mathrm{Max}X-\mathrm{Min}X}$$

其中 Max$X$ 表示浙江省区域金融安全指数得分的最大值，Min$X$ 表示浙江省区域金融安全指数得分的最小值。

三、区域金融安全水平分析

图 4-2 是浙江省 2005—2020 年区域金融安全指数的变化趋势图，总体呈现波动起伏的状态，具体的变化过程可以分为五个阶段。

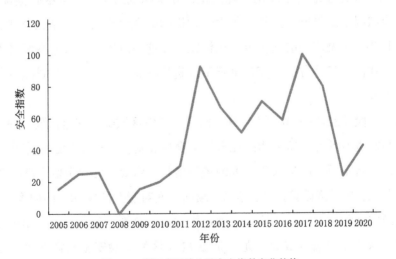

图 4-2　浙江省区域金融安全指数变化趋势

第一阶段（2005—2008 年）：这一阶段浙江省区域金融安全指数呈先增后减的趋势，自我国加入世界贸易组织以来，随着对外交流的不断深入，各个领域都得到了较快的发展，这为我国经济金融的发展提供了良好的机遇，拉动了国民经济的发展。浙江省处于我国东南沿海，是对外交流的先行省份，在对外贸易发展的背景下实现了经济较快增长，也带动了金融市场的不断完善。但是，随着我国对外贸易程度的不断加深，外资涌入内地市场所带来的金融冲击和挑战也不断增加，因此，在这一阶段初期，浙江省区域金融安全指数上升的幅度较慢。受到 2007 年美国次贷危机的影响，全球金融体系丧失信心，金融市场不断震荡。作为全球金融市场的参与者，浙江省内的金融机构也遭受了严重的冲击，尤其体现在外部金融环境安全遭受了巨大的挑战，2008 年的上证指数从5261 点跌至 1820 点，以 65.4% 的跌幅创下最大的年跌幅，同期香港恒生指数跌幅 47.7%，美国道琼斯指数跌幅 34.6%，并在 2008 年成为 2005—2020 年间的浙江省区域金融安全指数最低点。

第二阶段（2009—2011 年）：这一阶段浙江省区域金融安全指数呈现向上爬升态势，浙江省区域金融安全情况有所改善，次贷危机的影响慢慢褪去，次贷危机给予我国金融发展的经验教训正在慢慢体现，浙江省金融发展也从此前的民间金融杂乱无序走向正规化、规范化，并将隐藏的金融安全威胁渐渐排除，金融安全状况不断提升。此外，各大金融机构的理财与信托产品也呈现多样化发展的趋势，金融市场的交易也日渐活跃。在这一阶段，全省宏观经济形势较为稳定，在微观经济方面，商业银行不良贷款率有所减少，不良贷款拨备覆盖率不断上升。

第三阶段（2012—2015 年）：这一阶段浙江省区域金融安全指数呈现波动发展，有高峰也有低谷，这表明浙江省区域金融相对保持安全的运行态势。我国宏观经济运行不再一味追求高速度的经济增长，由要素和投资驱动转变为创新驱动；我国宏观经济政策向"供给侧"倾斜。面对复杂的国际、国内经济环境，我国政府实施积极的财政政策与适度宽松的货币政策，并全面推进相关政策落实工作，取得了显著的成效。尤其是 2012 年区域金融安全指数的水平相对较高，该年绿色信贷指引的出台规范了绿色信贷业务，鼓励各类金融机构将信贷资金从重污染企业转向清洁绿色行业，并调整了对清洁企业的信贷要求。这一政策的出台，提高了信贷资源的质量，促进了经济可持续发展。而在 2015 年，被誉为史上最严的环保法颁布，处罚、关停一批不符合要求的污染企业，为金融机构剥离了部分不良贷款。但同时，各个银行的表外资产增多，流动性风险加大，造成这一时期金融不稳定因素的增加。因此，在第三阶段，浙江省区域金融安全呈现波动发展状态。

第四阶段（2016—2018 年）：该阶段是浙江省区域金融安全运行阶段，为了推进绿色金融发展工作，2017 年国务院常务会议做出决定，在全国选取五个省份的部分地区建设绿色金融改革创新试验区，分别是浙江、广东、贵州、江西和新疆。其中作为东部发达地区且是东部绿色金融改革创新试验区重要代表的浙江省，选取湖州和衢州两个城市作为绿色金融改革创新试点，分别以"湖州市新兴绿色产业发展"和"衢州市传统产业绿色化改造"为主线。浙江省借助试验区的建设引导金融机构回归本源，坚持以"为实体经济服务"为导向，通过改进技术手段、业务模式，逐渐提高绿色金融产品开发、环境风险管理、绿色可持续投资等方面的能力和水平，有针对性地支持绿色产业发展和绿色经济转型。这一试点政策有效地提高了浙江省区域金融安全发展水平。

第五阶段（2019—2020 年）：受到新冠疫情的影响，世界经济遭受了巨大的打击，即使在疫情管控相对稳定的国内，经济也受到了较大影响。从短期来看，新冠疫情的暴发使得传统服务业全面停摆，国民消费热度下降，传统制造业陷入了巨大的困难。更为显著的是，疫情影响了我国的国际贸易水平，这一影响沿着制造供应链从下游向中上游企业传递，实体经济的下滑更是提升了银行业的不良贷款率。作为国内实体经济的先行省份，浙江省的实体企业遭受着资金链断裂、订单需求不足等威胁，区域金融安全状况严重下滑。而从长期来看，国际贸易的停摆使得销售生产网络逐渐转移到国内市场，但消费者对未来经济消极的预期使得经济复苏之路困难重重，地方政府也将大量资金应用于环境卫生，减少了固定资产投资。虽然我国疫情防控较为及时，也不断优化疫情防控政策，但面对供应链的断裂、金融业务发展乏力等现状，依然需要稳住市场主体、增强市场信心，引导金融市场复苏，进而实现区域金融安全发展。

第三节　浙江省绿色金融发展对区域金融安全影响的实证分析

随着"双碳"目标的不断逼近，传统企业面临着绿色转型需求，然而绿色升级所需要的大量资金却令其止步不前。为应对这一现状，绿色金融工具应运而生，而浙江省作为绿色金融创新改革示范区早已开始了绿色金融的探索与实践。但绿色金融的市场体系和操作模式尚处于摸索起步阶段，政策、法律和机制还有待完善。绿色金融的发展是威胁区域金融安全还是规范金融市场尚未可知，如何能够在确保金融安全的前提下，积极推动绿色金融发展，尤其是如何使用多种绿色金融支持工具建设绿色金融是一个亟待解决的问题。因此，深入探究绿色金融的发展对区域金融安全的影响，是基于金融安全视角，深入并聚焦研究浙江省现阶段绿色金融发展的动力机制与驱动对策的先行环节和关键一步。

一、绿色金融数据来源及处理说明

由于浙江省绿色金融只能取到年度数据，结合区域金融安全指数的测度，本章选取 2005—2020 年的年度数据。根据前文中关于不同绿色金融工具对区域金融安全的影响分析，本章以前文中测度的区域金融安全指数为被解释变量，以绿色证券、绿色信贷、绿色保险、绿色投资以及碳金融作为绿色金融工具建设的核心解释变量。其中绿色证券的度量方式为浙江省内环保企业市值与 A 股上市企业市值的比值；绿色信贷的度量方式为浙江省内高耗能产业利息支出与工业产业利息支出的比值；绿色投资是以浙江省内节能环保产业财政支出与财政支出总额之比进行衡量；绿色保险则以浙江省内农业保险支出占保险总支出的比例为度量；碳金融的度量方式为浙江省贷款余额和碳排放总量的比值。

此外，本章选择银行短期贷款利率、新增存款增长率、保险密度增长率、出口总额增长率、商品房销售额增长率以及消费者物价指数增长率作为控制变量。考虑到异常值的影响，本章对连续变量进行上下 1% 的 Winsorize 处理。本章所使用的数据来源于 Wind 数据库、《浙江保险年鉴》《浙江省国民经济和社会发展统计公报》和《浙江金融年鉴》。

主要变量的描述性统计结果如表 4–5 所示，处于对回归分析中的数量级考虑，在应用区域金融安全指数时选择未经映射处理的指数得分。从描述性统计分析中可以发现，浙江省自 2005 年以来绿色保险、绿色信贷和商品房销售额增长率的变动幅度较为显著，表明这三者存在一个较快的发展时期，而其余指标在浙江省发展历程中的变动均较为缓慢。

表 4-5　主要变量描述性统计

变量	均值	标准差	最小值	最大值
区域金融安全指数 F-S Index	0.465	0.131	0.271	0.707
绿色证券 G-Sec	0.119	0.021	0.098	0.187
绿色信贷 G-Credit	0.271	0.038	0.198	0.302
绿色投资 G-Invest	0.010	0.041	0.004	0.016
绿色保险 G-Insurance	0.334	0.213	0.004	0.668
碳金融 GCF	0.013	0.012	0.001	0.039
银行短期贷款利率 Rate	0.044	0.128	0.027	0.064
新增存款增长率 Dep	0.129	0.157	−0.019	0.238
保险密度增长率 Ins	0.064	0.129	−0.013	0.166
出口总额增长率 Exp	0.115	0.161	−0.054	0.278
商品房销售额增长率 Com	0.154	0.245	−0.20	0.254
消费者物价指数增长率 CPI	0.019	0.083	−0.005	0.054

二、实证分析及讨论

本章以 2005—2020 年为样本区间，研究浙江省绿色金融发展对区域金融安全的影响。绿色金融包括支持绿色项目投融资、项目运营和风险管理的金融服务，说明绿色金融不仅仅包括贷款和证券发行等融资活动，也包括绿色保险等风险管理活动，还包括有多种功能的碳金融业务。因此，本章从绿色证券、绿色信贷、绿色投资、绿色保险以及碳金融五个角度分析绿色金融的建设对浙江省区域金融安全产生的影响，并建立以下回归分析模型。

$$\text{F-S Index}_{it}=\alpha+\beta_{1it}\,G_{it}+\beta_{2it}\,\text{Controls}+\mu_{it}$$

其中，F-S Index 为区域金融安全指数，具体定义与前文相同；G 为绿色证券、绿色信贷、绿色投资、绿色保险以及碳金融五类绿色金融工具；Controls 为银行短期贷款利率、新增存款增长率、保险密度增长率、出口总额增长率、商品房销售额增长率以及消费者物价指数增长率等控制变量。回归结果如表4-6所示。

表4-6 浙江省绿色金融发展对区域金融安全的影响

变量	F–S Index	F–S Index	F–S Index	F–S Index	F–S Index
G–Sec	0.798**				
	(2.29)				
G–Credit		0.419*			
		(1.92)			
G–Invest			−8.103*		
			(−2.01)		
G–Insurance				−0.289	
				(−0.12)	
GCF					3.404*
					(1.98)
控制变量	YES	YES	YES	YES	YES
常数项	0.831***	0.999***	0.661**	0.890**	−0.363
	(5.28)	(5.97)	(2.32)	(2.46)	(−0.57)
R–Squared	0.656	0.666	0.606	0.431	0.618

1. 绿色证券对浙江省区域金融安全的影响

从表4-6的回归结果分析，浙江省绿色证券建设能够显著提高浙江省区域金融安全水平。根据定义，绿色证券主要指绿色环保行业上市企业的市值占A股总市值的比例，这一比例可以直观地反映绿色金融对浙江省绿色环保事业发展的支持程度。绿色环保行业作为实现"双碳"目标、推进经济高质量发展的主力军，能够积极承担社会责任，主动披露环境绩效，加强与投资者之间的沟通与交流。然而绿色行业的发展并非一帆风顺的，绿色创新、绿色投资均为周期长、收益小的风险项目，单单依靠企业自身无法完成绿色事业的建设。绿色证券的发展不仅能够为环保行业提供外部融资机会，还能够将环保行业积极披露ESG报告等非财务信息的要求引入证券市场，帮助上市企业降低信息不对称程度，进而缓解交易风险，减少资产泡沫，助力金融市场可持续发展。因而绿色证券的建设能够推进环保事业发展，从资金源头上遏制违规企业的无序增长，建立良好的市场环境，提高金融安全水平，促进金融与环境的双向互动发展。

2. 绿色信贷对浙江省区域金融安全的影响

根据表 4-6 第 2 列的回归结果，浙江省绿色信贷的发展能够提高浙江省区域金融安全水平。浙江省作为绿色金融先行先试的省份，不断推进绿色信贷的建设，以湖州、衢州两个绿色金融改革创新试验区为例，湖州依托大数据和算法打造了智能系统——"绿色信贷工厂"，通过绿色低碳智能画像、融资需求智能感知、银企对接智能派单等功能模块，持续加大对绿色产业的金融服务力度。衢州是以"金融支持传统产业绿色改造转型"为主线的试点城市，争取"一行一策"差异化信贷政策，全市共推出绿色信贷创新产品 167 个。浙江省绿色信贷的建设能够明显提高金融机构的创新能力和活力，助推营商环境的优化并促进基层信贷服务水平的提升。绿色信贷的建设可以在推进经济建设的同时，为区域内的金融机构提供一份标准化的信贷指引，通过调整金融机构的绩效考核方式将环境绩效纳入其中，引导金融市场的良序竞争，提高区域金融安全程度。

3. 绿色投资对浙江省区域金融安全的影响

由表 4-6 的第 3 列可以发现，绿色投资的增加并不会促进浙江省区域金融安全发展，而是显著威胁到金融安全水平，究其原因，是当前绿色金融依然在起步阶段，具体领域的规章制度依然不够完善。绿色投资是一项可持续发展的投资，本质上反映了经济、社会、生态之间和谐发展的关系。绿色投资模式将环境发展与资源生产联系在了一起。在当前高质量发展的背景下，大量生产企业和研究机构积极响应绿色发展号召，但在政府大量绿色投资的背后依然不可避免地产生"洗绿"风险。部分企业利用绿色金融普惠性的漏洞，标榜自身的绿色发展能力，获取低廉的信贷资源或政府的绿色财政补贴，这毫无疑问地在隐形中增加了金融风险。因而在绿色金融的发展过程中，可以从制定标准、强制披露、第三方认证三方面进行应对，有效地防范和避免项目"洗绿"和"漂绿"风险，让绿色投资能够真正作用到环境保护项目中，提高企业资产质量，实现浙江省区域金融安全发展。

4. 绿色保险对浙江省区域金融安全的影响

表 4-6 中第 4 列汇报的是绿色保险对浙江省区域金融安全水平的回归结果，核心解释变量系数显示，绿色保险发展程度的提高并不会对区域金融安全

水平产生影响，这一现象的产生可能是由于相关企业和个人对农业保险参保和支持力度不足。绿色保险作为一种风险补偿，在全面推进绿色发展进程中被赋予重要使命。但一些地方企业和保险公司作为两大主体，出于各自利益考虑，参与意愿不强，两个主体之间的利益博弈制约了绿色保险快速发展，导致产业热、市场冷，绿色保险"叫好不叫座"，企业作为以盈利为目标的主体并不愿意过度地支出，导致绿色保险仍未发挥出绿色建设的作用。在后续的建设过程中，浙江省应结合"七山一水二分田"的地理特征，丰富和完善现有的农林牧渔保险产品，利用大数据的支持，有针对性地开发有利于环保和实现"双碳"目标的绿色新险种，让农业保险更绿色，吸纳更多减少碳排放和增加碳汇的目标群体，通过保险制度强化保障功能，不断健全和完善经济补偿、社会管理等功能，推进浙江省区域金融安全发展。

5. 碳金融对浙江省区域金融安全的影响

表 4-6 第 5 列的回归结果表明，碳金融的发展能够显著提升浙江省区域金融安全水平。随着"双碳"目标的不断迫近，各类环境保护政策也不断出台，无论是重污染企业还是环保企业都需要寻求升级，实现清洁化生产。然而严苛的环境要求不仅增加了重污染企业的生产成本，也提高了企业的破产风险和诉讼风险，甚至导致金融机构的不良贷款率攀升，威胁区域金融安全。浙江省作为"绿水青山就是金山银山"理论的发源地，也出台了多项政策遏制碳排放。实现"双碳"目标，离不开金融的支持。作为广泛而深刻的经济社会系统变革，多家机构测算我国为实现碳中和的未来投资规模都在百万亿元级别，碳金融的发展为企业进行转型升级提供了资金保障。通过碳排放权交易市场等的建设，企业能够根据经营状况在市场中出售或购买碳排放权。通过碳交易制度和交易产品的创新将碳金融和传统金融工具相结合，从而提高绿色升级的效率，促进碳市场的长期稳定发展。

第四节　研究结论

本章根据基本的指标构建原则，从宏观、微观以及外部环境等多个角度构建浙江省区域金融安全指标体系，并用主成分分析法进行测度，随后从绿色金融发展的五个方面对区域金融安全指数进行回归分析，研究结果如下。

（1）浙江省 2005—2020 年区域金融安全指数的变化大致可以分为五个阶段，并呈现波动上升的趋势。受到 2007 年美国次贷危机的影响，浙江省内的金融机构也遭受了严重的冲击，2008 年成为近些年浙江省区域金融安全指数最低点。随着信心的逐渐恢复以及绿色信贷指引对绿色信贷业务的规范，各类金融机构逐渐将信贷资金从重污染企业转向清洁绿色行业，提高了信贷资源的质量，促进了经济可持续发展。尤其是在 2017 年，浙江省入选绿色金融创新改革试验区引导金融机构回归本源，坚持以"为实体经济服务"为导向，通过改进技术手段、业务模式，逐渐提高绿色金融产品开发、环境风险管理、绿色可持续投资等方面的能力，提升浙江省区域金融安全水平。虽然疫情防控在一定程度上阻碍了金融安全发展，但长期来看，浙江省一直持续为健全金融制度、规范金融市场而不懈努力。

（2）通过实证分析可以发现，绿色证券、绿色信贷和碳金融的建设均能在一定程度上提高浙江省区域金融安全水平。这些金融支持工具不仅能够将资金引入环保行业提供融资机会，还能够将环保行业积极披露 ESG 报告等非财务信息的要求纳入投资者的考虑范围内，帮助上市企业降低信息不对称程度，进而缓解交易风险，减少资产泡沫，助力金融市场可持续发展。湖州、衢州作为浙江省绿色金融发展的高地，依托各自的产业基础，持续加大对绿色产业的金融服务力度，在助推营商环境优化的同时为区域内的金融机构提供一份标准化的信贷指引，引导金融市场的良序竞争，提高区域金融安全程度。而碳金融的建设更是以市场化的手段，为企业绿色转型提供了资金来源，既提高了融资效率，也将碳金融与传统金融工具相结合，为新形势下绿色金融健康、稳健发展提供了新方法。

（3）绿色金融的建设与区域金融安全不会始终存在正向相关，研究发现，绿色保险发展程度的提高并不会提升区域金融安全水平。地方企业和保险公司作为两大主体，出于各自利益考虑进行利益博弈，制约了绿色保险快速发展，导致产业热、市场冷，绿色保险"叫好不叫座"，使得绿色保险未能作用到实处。甚至现阶段绿色投资的发展会在一定程度上对金融安全产生威胁。当前，浙江省绿色金融依然在起步阶段，具体领域的规章制度还不够完善。虽有大量生产企业和研究机构积极响应绿色发展号召，但这些企业利用绿色金融普惠性的漏洞，在隐形中增加了金融风险。因而，在绿色金融的发展过程中，可以从制定标准、个性化定制等方面入手，开发有利于环保和实现"双碳"目标的绿色新险种，实现绿色金融与区域金融安全协同发展。

第五章

基于宏观经济要素冲击效应的浙江省绿色金融安全研究

第一节 浙江省绿色金融安全测度与评价

一、浙江省绿色金融安全测度指标体系的构建

借鉴以往有关绿色金融和金融安全发展水平指标构建的文献，本章从绿色金融发展、宏观经济运行、外部金融运行这三个维度衡量浙江省绿色金融安全发展状况。

1. 绿色金融发展

一般来说，绿色金融评价指标可以如本书第四章分析，分为绿色信贷、绿色证券、绿色保险、绿色投资和碳金融五类，但由于本章我们需衡量2017—2021年各个月浙江省绿色金融发展状况，而上述五类指标所包含的数据大多为年度数据，因此本章参考国内外对绿色金融产品指数的研究（翁智雄等，2015），考虑从绿色金融驱动机制的角度出发，结合数据的可得性，选取绿色投资、绿色债券、政府绿色财政支出这三个方面的指标进行衡量。在绿色投资方面，选取政府PPP项目中有关生态建设和环境保护累计项目数和累计项目投资额这两个指标；在政府绿色财政支出方面，选取政府当月用于节能环保的地方公共财政支出额；在绿色债券方面，由于没有直接反映浙江省绿色债券发行状况的指标，因此本章选取中国绿色债券指数代替。

2. 宏观经济运行

本章选取浙江省地方公共财政当月收入、固定资产投资完成额累计同比、PPI当月同比、RPI当月同比、消费者信心指数、社会融资规模这5个指标来反

映浙江省宏观经济运行状况。公共财政收入通过影响公共财政支出的规模从而决定政府活动的范围，进而对浙江省的经济增长和社会发展产生影响。固定资产投资额的增长率反映社会固定资产保有量的增长速度，对于保持宏观经济的稳定具有重要作用。（宁伟等，2014）PPI 和 RPI 同比值分别反映了工业总产品出厂价格和社会商品零售价格的变动趋势，而社会上价格水平的波动会对经济总产值产生重要影响。（姜晶晶，2022）消费者信心指数反映了消费者对当前经济形势的评价和经济前景的预期，从消费者的角度反映出对于宏观经济环境的支持度和认可度，是一个正向指标。社会融资规模是反映金融与经济关系和金融对实体经济支持程度的总体指标，社会融资规模越大说明金融体系对实体经济的支持越好，对金融体系的健康发展也越有利。

3. 外部金融安全

本章选取人民币汇率指数、浙江省进出口总额、浙江省本外币存款余额、浙江省本外币贷款余额这四个指标作为衡量浙江省外部金融安全程度的指标。人民币对外汇率的稳定有利于维护外部金融环境的安全稳定；本外币存款和贷款金额可说明浙江省金融机构对外部资金的吸附能力和向外部投放信贷的规模，这些与浙江省外部金融环境密切相关。（高扬等，2021）浙江省进出口总额反映了浙江省在商品和服务方面对外贸易的规模，贸易规模的大小反映了浙江省对外交流联系的程度，对外交流联系对外部金融环境的安全稳定有直接的影响。

基于上述三类指标，本章构建了浙江省绿色金融安全测度指标体系，具体如表 5-1 所示。

表 5-1　浙江省绿色金融安全测度指标体系

	大类	指标	指标编号
浙江省绿色金融安全水平	绿色金融发展维度	PPP 项目累计投资：生态建设和环境保护	A1
		PPP 项目累计数：生态建设和环境保护	A2
		地方公共财政当月支出：节能环保	A3
		中国绿色债券指数	A4

大类	指标	指标编号
浙江省绿色金融安全水平		
宏观经济运行维度	地方公共财政当月收入	B1
	固定资产投资完成额：累计同比	B2
	PPI：当月同比	B3
	RPI：当月同比	B4
	消费者信心指数	B5
	社会融资规模	B6
外部金融运行维度	人民币汇率指数	C1
	进出口总额	C2
	本外币存款余额	C3
	本外币贷款余额	C4

二、浙江省绿色金融安全水平测度

1. 数据选取

本章选用的数据主要为月度数据，考虑绿色金融在我国自2016年以来才得以蓬勃发展，反映不同驱动机制下浙江省绿色金融的数据较难获取，因而最终能够收集到匹配完全的数据区间为2017年1月至2021年12月。绿色金融安全的本质是在安全稳定的内外部宏观环境下对绿色领域进行项目融资以及项目运营，并利用金融手段优化资本配置，实现可持续发展目标。因此，绿色金融安全测度指标的选择，不仅要体现绿色金融发展水平，还要更全面地涵盖宏观经济环境和外部金融运行环境，使其具有全面性和针对性。为保证数据的真实可靠，本章原始数据均来源于Wind经济金融数据库。由于消费者信心指数、社会融资规模只有季度数据，本章假设各月消费者信心指数与当季度消费者信心指数保持一致，社会融资规模每月变化幅度相同，进而转换成对应的月度数据。

2. 数据处理

由于指标体系中各指标具有不同的量纲，会对最终主成分的选择结果的准确性造成影响，本章在进行主成分分析之前，对原始数据进行标准化处理。数据标准化处理所采用的具体方法如下：

$$Y_{ij} = \frac{X_{ij} - \bar{X}_i}{\mathrm{Var}(X_i)}$$

其中，X_{ij} 为第 i 项指标、第 j 年指标值的原始数据，而 Y_{ij} 为 X_{ij} 与之对应的经标准化处理后的数据，$\overline{X}$ 表示变量 X_i 的样本均值，$Var(X_i)$ 表示变量 X_i 的样本方差。

3. 绿色金融安全指数合成

首先对浙江省绿色金融安全评价体系中包含的 14 个指标进行 KMO 及 Bartlett 检验，得到 KMO 值为 0.708，Bartlett 球形检验值为 1406.783，对应的 p 值为 0，满足主成分分析的前提要求。

特征值反映的是主成分的重要程度，表示主成分对原变量总方差解释能力的则是方差贡献率，主成分的数量确定的依据即特征值和方差贡献率。如表 5-2 所示，初始特征值大于 1 的有 4 个主成分，且这 4 个主成分的累积贡献率达到了 84.412%。根据 SPSSAU 软件给出的碎石图，图 5-1 验证了提取 4 个主成分是合适的，据此得到主成分 F1、F2、F3、F4。

表 5-2　总方差解释率

成分	特征根			主成分提取		
	特征根	方差解释率 /%	累积 /%	特征根	方差解释率 /%	累积 /%
1	6.331	45.219	45.219	6.331	45.219	45.219
2	2.237	15.981	61.200	2.237	15.981	61.200
3	1.933	13.807	75.006	1.933	13.807	75.006
4	1.317	9.405	84.412	1.317	9.405	84.412
5	0.941	6.719	91.131	—	—	—
6	0.572	4.085	95.216	—	—	—
7	0.270	1.925	97.141	—	—	—
8	0.204	1.460	98.601	—	—	—
9	0.093	0.663	99.264	—	—	—
10	0.062	0.442	99.706	—	—	—
11	0.027	0.195	99.901	—	—	—
12	0.009	0.066	99.967	—	—	—
13	0.004	0.028	99.996	—	—	—
14	0.001	0.004	100.000	—	—	—

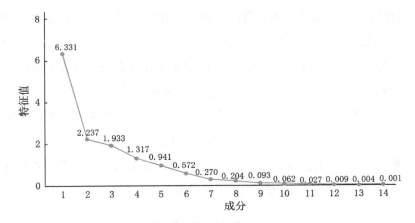

图 5-1　碎石图

表 5-3　载荷系数表

名称	载荷系数				共同度
	主成分 F1	主成分 F2	主成分 F3	主成分 F4	
PPP 累计投资额：生态建设和环境保护	0.883	−0.402	−0.027	−0.003	0.942
中债-中国绿色债券指数	0.964	−0.150	0.063	0.123	0.971
PPP 累计项目数：生态建设和环境保护	0.879	−0.420	0.005	0.024	0.951
消费者信心指数	0.813	0.247	0.161	−0.263	0.818
社会融资规模	0.827	0.181	−0.405	−0.139	0.899
本外币存款余额	0.961	−0.030	0.130	0.087	0.950
本外币贷款余额	0.972	−0.026	0.117	0.101	0.970
进出口金额累计值	0.578	0.461	−0.574	−0.209	0.920
PPI 当月同比	−0.088	0.851	0.143	0.448	0.953
人民币汇率指数	0.447	0.631	0.329	0.383	0.854
地方公共财政支出：节能环保	0.126	0.145	−0.296	0.042	0.126
地方公共财政收入	0.054	−0.426	0.781	0.269	0.867
固定资产投资完成额：累计同比	0.257	0.464	0.602	−0.357	0.771
RPI 当月同比	0.089	−0.167	−0.435	0.776	0.827

　　从表 5-3 可以看出，除浙江省用于节能环保的地方公共财政支出指标外，每一个指标变量的共性方差都在 0.7 以上，说明这些公因子能够较好地反映原始指标变量的大部分信息。PPP 项目中有关生态建设和环境保护累计项目数、累计项目投资额、中国绿色债券指数、消费者信心指数、社会融资规模、本外

币存款余额、本外币贷款余额、进出口金额在主成分 F1 上的载荷最大，说明这些变量与主成分 F1 关联性最强，因此，主成分 F1 可以解释这 8 个指标；PPI 当月同比、人民币汇率指数、用于节能环保的浙江省地方公共财政支出在主成分 F2 上的载荷最大，说明这些变量与主成分 F2 关联度最大，因此，主成分 F2 可以解释这 3 个指标；当月地方公共财政收入、固定资产投资完成额累计同比在主成分 F3 上的载荷最大，说明这些变量对主成分 F3 贡献最大，因此，主成分 F3 可以解释这 3 个指标；RPI 当月同比在主成分 F4 上较大，说明这些变量对主成分 F4 贡献最大，因此，主成分 F4 可以解释这个指标。

表 5-4　线性组合系数及权重结果表

名称	主成分 F1	主成分 F2	主成分 F3	主成分 F4	综合得分系数	权重
特征根	6.331	2.237	1.933	1.317		
方差解释率	45.22%	15.98%	13.81%	9.41%		
PPP 累计投资额：生态建设和环境保护	0.351	−0.269	−0.020	−0.003	0.134	6.61%
地方公共财政支出：节能环保	0.050	0.100	−0.213	0.037	0.014	0.71%
中国绿色债券指数	0.383	−0.100	0.046	0.107	0.206	10.19%
PPP 累计项目数：生态建设和环境保护	0.350	−0.281	0.003	0.021	0.137	6.78%
地方公共财政收入：当月值	0.021	−0.285	0.562	0.234	0.076	3.74%
固定资产投资完成额：累计同比	0.102	0.310	0.433	−0.312	0.149	7.40%
PPI 当月同比	−0.035	0.570	0.103	0.391	0.149	7.40%
RPI 当月同比	0.036	−0.112	−0.313	0.676	0.022	1.09%
消费者信心指数	0.323	0.165	0.116	−0.230	0.198	9.80%
社会融资规模	0.329	0.121	−0.291	−0.121	0.138	6.83%
本外币存款余额	0.3821	−0.020	0.093	0.076	0.225	11.12%
本外币贷款余额	0.3865	−0.018	0.084	0.088	0.227	11.26%
人民币汇率指数	0.1777	0.422	0.237	0.334	0.251	12.43%
进出口金额	0.2296	0.308	−0.413	−0.182	0.094	4.63%

　　根据各主成分对应指标的系数我们可以计算各主成分得分，最后根据综合得分系数计算出浙江省绿色金融安全各月综合得分值，各个月份浙江省绿色金融安全综合得分值的变化趋势如图 5-2 所示。

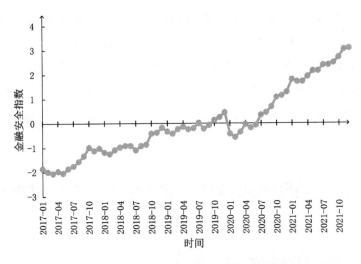

图 5-2　浙江省绿色金融安全指数变化趋势

从图 5-2 可以看出，2017 年以来，浙江省绿色金融安全指数总体呈现上升趋势。这与 2017 年中国人民银行、国家发展和改革委员会等七部委联合，正式将浙江省列为绿色金融发展改革试验区息息相关。节能低碳可持续发展的理念贯穿于浙江省经济发展的全过程，在由粗放型向集约型经济转型的过程中，浙江省积极改善高污染、高耗能产业的污染排放情况，促进产业结构生态化，让可再生清洁能源占据主导地位。但相较于传统经济项目，绿色项目在短时间内往往不能回收较多经济收益。为给予各项绿色经济发展项目金融支持，政府出台各项措施扩大绿色信贷、绿色投资、绿色保险的范围，各项绿色金融发展措施在浙江省得以完善，绿色金融赋能实体经济发展的动力不断增强。此外，随着实体经济结构不断完善，浙江省抵御国内外环境变化所带来的不确定性风险的能力也越来越强，无论是宏观经济的发展还是外部金融的优化都为浙江省绿色金融发展营造了安全稳定的环境，因此，浙江省绿色金融安全发展水平迅速增长。2018 年初，受到经济危机和中美贸易摩擦的影响，人民币汇率波动明显，经济增速出现下降，进出口总额锐减，外部金融的冲击对浙江省宏观经济安全产生了不利的影响，绿色金融安全水平受到经济下行的压力，出现了短暂下跌，不过这种负面影响很快消失，2018 年 5 月之后，浙江省绿色金融安全水平出现明显回升。但是 2020 年以来，受新冠疫情的影响，外商对我国企业的直接投资出现明显下降，这直接影响了绿色投资规模。绿色金融的发展也因为绿色产业投资减少、绿色企业融资难度增大以及产品外销困难等负面因素受到了严重阻碍。由于新冠疫情在浙江省范围内迅速得到控制，得益于浙江省强大的经济韧性，浙江省的经济发展水平开始恢复，浙江省绿色金融安全水平也稳步回升，2020年10月已恢复至2019年同期水平，并在政府的绿色引导和财政支持下持续上升。

第二节　宏观经济因素对浙江省绿色金融安全冲击效应的实证研究

一、变量选取与数据说明

本章选取GDP增长率（度量经济增长）、CPI增长率（度量通货膨胀）、公共财政支出增长率（反映财政政策）、广义货币供应量增长率（M2）（反映货币政策）以及外商投资企业数增长率等6个指标作为解释变量，选用衡量浙江省绿色金融安全状况的绿色金融安全指数作为被解释变量以建立向量自回归模型（下文均用Var模型代替）开展后续分析。为与绿色金融安全指数相对应，解释变量数据选取2017年1月到2021年12月的月度数据，数据来源于Wind经济金融数据库。对于只有季度数据的变量，本章采用Eviews 12.0软件进行频率转化。同时为方便后续处理，分别以英文简称GFI、PFE、M2、CPI、GDP、FDE来表示绿色金融安全指数、公共财政支出增长率、广义货币供应量增长率、CPI增长率、GDP增长率、外商投资企业数增长率这6个变量。表5-5为各变量数据的描述性统计。

表5-5　变量描述性统计

指标	CPI	FDE	GDP	GFI	M2	PFE
均值	0.022	0.184	0.071	3.73×10^{-15}	0.090	0.134
中位数	0.022	0.171	0.076	−0.231	0.086	0.144
最大值	0.047	0.686	0.207	3.074	0.111	0.765
最小值	0.001	−0.327	−0.063	−2.065	0.080	−0.260
标准差	0.009	0.308	0.049	1.402	0.010	0.153

续 表

指标	CPI	FDE	GDP	GFI	M2	PFE
偏度	0.350	−0.205	−0.145	0.598	0.958	1.466
峰度	3.826	1.859	5.307	2.442	2.530	9.507
J–B 检验	2.928	3.677	13.513***	4.348	9.735***	127.339***
样本量	60	60	60	60	60	60

从上述描述性统计分析可以看出，相较于其他变量，GFI 的标准差最大，为 1.402，且 GFI 的均值、中位数、最小值则远小于其他变量，这说明浙江省绿色金融安全指数在样本期内相较于其他宏观经济要素波动范围更大，程度更为剧烈，取值为负的时间更长。从偏度来看，各变量取值的偏度均不等于 0，FDE、GDP 偏度小于 0，属于左偏；CPI、GFI、M2、PFE 偏度大于 0，属于右偏。从峰度来看，只有 CPI、PFE、GDP 这三个变量的峰度大于 3，满足尖峰厚尾特征。此外，J–B 统计量检验的结果表明只有 CPI、FDE、GFI 这三个变量的分布满足正态分布。

此外，时间序列数据平稳是 Var 模型建立的前提，因此需要对变量数据进行平稳性检验。本章选用 ADF 检验方法来检验变量数据的平稳性，结果如表 5–6 所示。

表 5–6 变量平稳性检验

指标变量	Intercept	Trend and intercept	None	ADF 检验值	1% 水平下的值	10% 水平下的值	P 值	平稳性
CPI	✓			−2.669	−3.546	−2.594	0.086	平稳
GDP	✓			−3.274	−3.563	−2.597	0.021	平稳
PFE	✓			−6.122	−3.546	−2.594	0.000	平稳
FDE			✓	−1.742	−2.605	−1.613	0.077	平稳
M2	✓			−2.316	−3.546	−2.594	0.171	非平稳
D(M2)	✓			−7.654	−3.548	−2.594	0.000	平稳
GFI		✓		−1.442	−4.121	−3.172	0.838	非平稳
D(GFI)	✓			−7.538	−3.548	−2.594	0.000	平稳

从上表可得，除变量 M2、GFI 原序列不平稳，经过一阶差分后序列在 1% 的显著性水平下平稳外，变量 CPI、FDE 序列在 10% 的显著性水平下平稳，变量 GDP、PFE 序列在 1% 的显著性水平下平稳。因此，本章选取 D(M2)、D(GFI) 序列和 PFE、CPI、GDP、FDE 序列进行后续 Var 模型的建立与分析。

二、实证分析及讨论

1.Var 模型建立

Var 模型是用以解释经济冲击对经济变量的影响以及同时对多个经济变量进行预测，其主要数学表达形式如下：

$$X_t=C+A_1X_{t-1}+A_2X_{t-2}+\cdots+A_pX_{t-p}+\varepsilon_t$$

式中，$\varepsilon_t=(\varepsilon_{1t}, \varepsilon_{2t}, \varepsilon_{3t}, \cdots, \varepsilon_{nt})'$ 为向量白噪声过程，$C_t=(c_1, c_2, c_3, \cdots, c_n)'$ 为 n 维的常数向量，$A_i=\begin{pmatrix} A_{11}^{(i)} & A_{12}^{(i)} & \cdots & A_{1n}^{(i)} \\ A_{21}^{(i)} & A_{22}^{(i)} & \cdots & A_{1n}^{(i)} \\ \vdots & \vdots & & \vdots \\ \vdots & \vdots & & \vdots \\ A_{n1}^{(i)} & A_{n2}^{(i)} & \cdots & A_{nn}^{(i)} \end{pmatrix}$，$(1 \leq i \leq p)$ 为 n 阶参数矩阵，矩阵形式如下：

$$\begin{pmatrix} X_{1t} \\ X_{2t} \\ X_{3t} \\ \vdots \\ \vdots \\ X_{nt} \end{pmatrix} = \begin{pmatrix} c_1 \\ c_2 \\ c_3 \\ \vdots \\ \vdots \\ c_n \end{pmatrix} + A_1 \begin{pmatrix} X_{1t-1} \\ X_{2t-1} \\ X_{3t-1} \\ \vdots \\ \vdots \\ X_{nt-1} \end{pmatrix} + \cdots + A_p \begin{pmatrix} X_{1t-p} \\ X_{2t-p} \\ X_{3t-p} \\ \vdots \\ \vdots \\ X_{nt-p} \end{pmatrix} = \begin{pmatrix} \varepsilon_{1t} \\ \varepsilon_{2t} \\ \varepsilon_{3t} \\ \vdots \\ \vdots \\ \varepsilon_{nt} \end{pmatrix}$$

式中，$t=1, 2, 3, \cdots, n$。

为确定本节所使用 Var 模型的最优滞后阶数，本章根据 AIC、SC、LR、FPE、SC、HQ 准则对 Var 模型最优滞后阶数进行判定，结果如表5-7所示。

表5-7　模型滞后阶数选择

Lag	LogL	LR	FPE	AIC	SC	HQ
0	544.781	NA	8.69×10^{-17}	−19.955	−19.734	−19.870
1	683.540	241.544	1.95×10^{-18}*	−23.761	−22.214*	−23.164*
2	719.761	55.001*	2.03×10^{-18}	−23.769*	−20.896	−22.661
3	751.618	41.297	2.70×10^{-18}	−23.615	−19.417	−21.996

Lag	LogL	LR	FPE	AIC	SC	HQ
4	788.753	39.886	3.38×10^{-18}	−23.658	−18.133	−21.527
5	825.707	31.479	5.37×10^{-18}	−23.692	−16.842	−21.051

从上表分析可以得出，FPE、SC、HQ 判定模型最优滞后阶数为一阶，而 LR、AIC 准则判定模型最优滞后阶数为一阶，最终综合考虑选择建立 Var（1）模型开展后续建模分析，具体形式如下：

$$\begin{pmatrix} D(GEI)_t \\ PFE_t \\ D(M2)_t \\ CPI_t \\ CDP_t \\ FDE_t \end{pmatrix} = \begin{pmatrix} C_1 \\ C_2 \\ C_3 \\ C_4 \\ C_5 \\ C_6 \end{pmatrix} + A_1 \begin{pmatrix} D(GEI)_{t-1} \\ PFE_{t-1} \\ D(M2)_{t-1} \\ CPI_{t-1} \\ CDP_{t-1} \\ FDE_{t-1} \end{pmatrix} + \begin{pmatrix} \varepsilon_{1t} \\ \varepsilon_{2t} \\ \varepsilon_{3t} \\ \varepsilon_{4t} \\ \varepsilon_{5t} \\ \varepsilon_{6t} \end{pmatrix}$$

2.Var 模型估计结果

基于上述分析，选取 D(GFI)、PFE、D(M2)、CPI、GDP、FDE 六个变量，建立滞后一阶的 Var 模型，模型估计结果如表 5-8 所示。

表 5-8　Var 模型估计结果

变量	CPI	DGFI	DM2	FDE	GDP	PFE
CPI(−1)	0.861	−5.464	0.131	−3.674	−1.501	0.067
	(0.095)	(3.952)	(0.075)	(2.443)	(0.369)	(2.215)
	[9.059]	[−1.383]	[1.749]	[−1.504]	[−4.071]	[0.030]
DGFI(−1)	−0.006	−0.065	0.003	−0.031	0.007	0.084
	(0.003)	(0.143)	(0.003)	(0.088)	(0.013)	(0.080)
	[−1.806]	[−0.453]	[1.193]	[−0.347]	[0.523]	[1.054]
DM2(−1)	0.176	0.854	−0.176	−10.586	−0.081	4.572
	(0.161)	(6.701)	(0.127)	(4.142)	(0.625)	(3.755)
	[1.089]	[0.127]	[−1.382]	[−2.556]	[−0.130]	[1.218]
FDE(−1)	0.001	−0.031	0.003	0.733	−0.008	0.119
	(0.003)	(0.136)	(0.003)	(0.084)	(0.013)	(0.076)
	[0.283]	[−0.227]	[1.101]	[8.725]	[−0.603]	[1.568]
GDP(−1)	0.037	−0.290	−0.037	0.730	0.778	0.211
	(0.025)	(1.038)	(0.020)	(0.642)	(0.097)	(0.582)
	[1.484]	[−0.279]	[−1.879]	[1.138]	[8.036]	[0.363]

续 表

变量	CPI	DGFI	DM2	FDE	GDP	PFE
PFE(−1)	−0.005	−0.186	−0.009	0.057	−0.006	0.347
	(0.006)	(0.229)	(0.004)	(0.142)	(0.021)	(0.129)
	[−0.884]	[−0.809]	[−1.956]	[0.401]	[−0.303]	[2.700]
C	0.002	0.263	−0.001	0.066	0.050	0.036
	(0.003)	(0.127)	(0.002)	(0.078)	(0.012)	(0.071)
	[0.507]	[2.074]	[−0.123]	[0.848]	[4.259]	[0.502]

注：C 为常数，括号内表示标准差，中括号内表示 T 统计量的值。

3.Var 稳定性检验

由于只有稳定的 Var 模型才可以进行脉冲响应、方差分解等后续分析步骤，因此需要对建立的 Var 模型进行稳定性检验。本节通过 AR Roots Tables 以及 AR Roots Graph 来检验。从表 5-9 和图 5-3 可以看出，特征多项式的根均较小，且全部落入单位圆范围内，说明建立的滞后阶数为一阶的 Var 模型是稳定的。

表 5-9　AR Roots 表

Root	Modulus
0.824 − 0.237i	0.858
0.824 + 0.237i	0.858
0.795	0.795
0.124− 0.197i	0.232
0.124 + 0.197i	0.232
−0.211	0.211

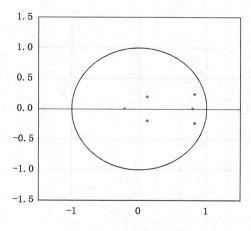

图 5-3　Var 单位圆和特征根

4. 格兰杰因果关系检验

对 D(GFI)、PFE、D(M2)、CPI、GDP、FDE 这六个变量进行格兰杰因果关系检验，检验结果如表 5-10 所示。

表 5-10　格兰杰因果检验结果

Var 方程	F 统计量	P 值
D(GFI) 方程	2.140	0.091
	0.065	0.992
	0.409	0.801
	0.717	0.585
	0.092	0.985
D(M2) 方程	3.279	0.019
FDE 方程	0.942	0.448
PFE 方程	0.597	0.666
GDP 方程	1.281	0.291
CPI 方程	1.014	0.410

从格兰杰因果检验的结果可以看出，在 D(GFI) 方程中，只有变量 CPI 在 10% 的显著性水平下拒绝原假设，而 D(M2)、GDP、FDE、PFE 均在 10% 的显著性水平下接受原假设，说明只有 CPI 是 D(GFI) 的格兰杰原因。同理，在 D(M2)、GDP、FDE、PFE、CPI 方程中，只有在 D(M2) 方程中，变量 D(GFI) 在 1% 的显著性水平下拒绝了原假设，而在其他变量的方程中变量 D(GFI) 均在 10% 的显著性水平下接受了原假设，这说明 D(GFI) 只是 D(M2) 的格兰杰原因。变量 CPI 与 D(GFI)、变量 D(M2) 与 D(GFI) 之间存在单向因果关系，这说明通货膨胀率对浙江省绿色金融安全产生了直接的影响，而绿色金融安全可以直接影响广义货币供给量的增速。由于格兰杰因果检验受滞后阶数和样本数量的密切影响，格兰杰因果检验结果并不能准确地反映经济变量间真正的因果关系，因此，需要结合后文的脉冲响应以及方差分解来判断各宏观经济要素对浙江省绿色金融安全的冲击效应。

5. 脉冲响应分析

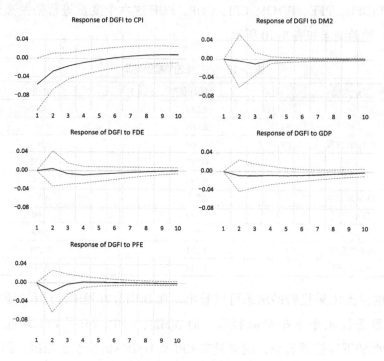

图 5-4　宏观经济要素对浙江省绿色金融安全的脉冲响应

　　脉冲响应可以用来研究 Var 模型中的内生变量变动对其他内生变量的影响程度。本章使用变量 PFE、D(M2)、CPI、GDP、FDE 对浙江省绿色金融安全指数 D(GFI) 的冲击作脉冲响应。从图 5-4 中的脉冲响应结果可以得到以下几个方面的结论。

　　（1）如果给通货膨胀率一个单位的正向冲击，可以明显看出它对绿色金融安全当期产生负向影响且达到最大，然后负向影响逐渐减小，第六期以后开始转变为正向影响。这是因为当通货膨胀率上升时，为了保持一个合理的通货膨胀率以促使经济平稳发展，政府会出台相关财政与货币政策如增加税收或提高利率，这些政策会使企业在短期内出现经营不稳定、缺乏市场流动性等一系列问题，促使金融安全的水平降低，而且企业为保持稳定良好的收益，对于绿色发展的注意力将会降低，绿色金融对于企业发展的支持力度将会减弱。但在很长一段时期内，通货膨胀率将会维持在 3% 的均值，通货膨胀率提高的外部冲击必然会引起失业率的下降，企业在保持快速稳定发展的同时会更注重经济增长与生态保护并行，通过实体经济的振兴和绿色项目的增长，浙江省绿色金融安全水平得到迅速提高。从图 5-4 中可以看出，在宏观经济变量中通货膨胀率对于浙江省绿色金融安全的影响最显著。

（2）如果给 GDP 增长率一个单位的正向冲击，它会给浙江省绿色金融安全产生负向影响，在第二期负向影响达到最大，之后负影响慢慢减小，直至趋近于 0。从图 5-4 中可以看出，GDP 增长率对绿色金融安全的影响始终为负。这是因为 2017 年以来，浙江省正经历经济转型，从过去一味追求发展速度的粗放型发展模式逐渐转变成集约型发展模式，在提高经济效率的同时更加注重资源消耗和环境污染对经济发展可能造成的影响，追求经济可持续发展。为达到这一发展目标，虽然政府加大了对绿色信贷、绿色投资的支持力度，但由于绿色金融尚处于初步发展阶段，各项绿色金融措施及其作用机制仍存在不足，其促进经济高质量发展的力度有限。此外，浙江省在经济转型的过程中由于正在探索环境保护和经济增长双赢的发展模式，为减少对资源环境的破坏，浙江省经济增长持续放缓，这造成企业经营状况不佳、消费投资需求减少、实体经济发展萎靡等现象，进而影响到与实体经济紧密相关的金融体系，绿色保险、绿色信贷规模及对于企业的支持力度受到限制，企业在证券市场的有价证券价值降低，最终对绿色金融安全产生负面影响。

（3）如果给政府公共财政支出增长率一个单位的正向冲击，它首先对绿色金融安全产生负向影响，在第二期负向影响达到最大，但第三期负向影响迅速减小，第四期到第六期转变为正向影响，之后正向影响慢慢减小，直至趋近于 0。这说明公共财政支出增长虽然在短期内会降低浙江省绿色金融安全的水平，但在长期内则有助于浙江省绿色金融安全水平的提高。这是因为公共财政支出突然增长虽然在短期内起到了迅速拉高 GDP 的作用，但短时间的经济过热也会使得宏观经济和外部金融环境的安全受到影响，此外，由于节能环保的投资需要一段时间才能转换成实际的环境效益，政府用于生态保护和节能减排的财政支出在短期内对绿色经济发展的促进作用有限。但在长期内，政府投入的节能环保财政支出与 PPP 生态环保项目的落地促进了绿色金融在浙江省发展规模的扩大，这有利于浙江省实现经济与环保双赢的目标。此外，公共财政支出在长期也会通过扩张效应以及乘数效应使经济保持高质量增长，外部金融和内部宏观环境的安全稳定促进了浙江省绿色金融安全水平的增长。

（4）如果给货币供应量增长率的一阶差分一个单位的正向冲击，它对绿色金融安全的影响始终是负向的，在第三期负向影响达到最大后，第四期迅速减小，之后负向影响慢慢减小，趋近于 0。这说明短期内货币供应量的快速增长会减少储蓄，增加投资，而投资者把注意力大多放在了经济收益高、回报速度快的投资项目，对于生态保护项目的投资力度不足，因此，生态环保项目投资的增速不及投资总量的增速，货币供应量的增长并未提升浙江省绿色金融安全水平。但是随着绿色金融发展机制的完善和规模的扩大，对生态环保项目的投资额占比也在逐步增加，此外，宽松的货币政策会使市场流动性保持充足，各类金融机构健康运营，这些都使得货币供应量增长对绿色金融安全的负向作用得以减弱。

（5）如果给外商投资企业数量增长率一个单位的正向冲击，它首先对绿色金融安全产生正向影响，在第二期达到最大后，其正向影响快速消退，第三期开始转为负向影响，第四期负向影响达到最大后这种负向影响缓慢减弱，直至趋近于 0。出现这种现象的原因是短期内外商直接投资企业数量的增加会使得国外的先进技术、经验以及管理方式得以快速引入，而这些先进的发展模式和经验大多有利于经济的绿色可持续发展，对外交流规模的扩大也给予实体经济迅速发展的动力，进而推动绿色金融安全水平的提高。但由于新冠疫情的冲击和国内外经济发展不确定性因素的增强，外部金融环境变得复杂动荡，外商投资企业增长放缓，浙江省对外贸易规模的减小使得外商投资对于经济发展的拉动作用受到限制，因此，外商投资企业增长率对浙江省绿色金融发展转变为负向影响。但得益于浙江省经济发展的强大韧性和绿色金融发展体系的快速完善，外部环境不确定性对于浙江省绿色经济发展和宏观环境稳定的不利影响正逐步减弱，外商投资增长率对浙江省绿色金融安全产生的负向影响已出现下降。

6. 方差分解分析

方差分解是 Var 模型中除脉冲响应函数之外度量变量间影响的又一方法，用以解释变量的结构冲击对某一内生变量（本章指的是 GFI）的变化贡献度，并以此解释不同结构冲击的重要性。GFI 影响因素的方差分解结果如表 5-11 所示。从表中我们可以看出，对 GFI 进行向前预测，其预测方差绝大部分来自 GFI 本身。在第一期除了 GFI 本身以及 CPI 外，其他变量都不会对 GFI 产生影响。从第二期开始各变量开始对金融安全产生影响。这些变量中除了 GFI 本身，CPI 的方差贡献是最大的，从第二期的 7.99% 开始到第十五期贡献达到最大 9.32%，说明通货膨胀率对浙江省绿色金融安全水平的影响是最大的。GDP、PFE、FDE、D(M2) 对 GFI 的方差贡献虽然总体保持逐期增长的趋势，但其贡献值相对来说较小，其最大方差贡献分别为 0.94%、0.70%、0.48% 及 0.24%。这说明在宏观经济要素中，通货膨胀率对浙江省绿色金融安全的发展水平影响最大。

表 5-11 浙江省绿色金融安全影响因素的方差分析结果

Period	S.E.	CPI	DGFI	DM2	FDE	GDP	PFE
1	0.216	6.607	93.393	0.000	0.000	0.000	0.000
2	0.220	7.997	91.093	0.028	0.040	0.167	0.675
3	0.221	8.471	90.138	0.238	0.124	0.340	0.689
4	0.221	8.590	89.718	0.243	0.281	0.478	0.691
5	0.222	8.585	89.468	0.245	0.384	0.624	0.695
6	0.222	8.574	89.298	0.245	0.436	0.751	0.696
7	0.222	8.614	89.146	0.245	0.457	0.843	0.695
8	0.222	8.713	88.989	0.244	0.462	0.897	0.694
9	0.222	8.851	88.830	0.244	0.462	0.921	0.692
10	0.223	8.995	88.680	0.244	0.461	0.928	0.692
11	0.223	9.121	88.552	0.244	0.463	0.928	0.693
12	0.223	9.216	88.453	0.244	0.467	0.927	0.693
13	0.223	9.277	88.383	0.244	0.472	0.929	0.695
14	0.223	9.310	88.339	0.244	0.477	0.934	0.696
15	0.223	9.325	88.313	0.245	0.480	0.941	0.697

第三节　研究结论

本章首先从绿色金融发展水平、宏观经济运行状况、外部金融运行这三个维度建立浙江省绿色金融安全测度指标体系，然后通过主成分分析法测度 2017 年 1 月至 2021 年 12 月浙江省绿色金融安全水平。研究发现：总体上看，2017 年以来浙江省绿色金融安全水平呈现上升趋势，这得益于浙江省被设立为绿色金融改革试验区，政府对于绿色发展的支持使得浙江省绿色金融体系得以完善。2018 年初，受到经济危机和中美贸易摩擦的影响，外部金融的冲击对浙江省宏观经济安全产生了不利的影响，绿色金融安全水平受到经济下行的压力，出现了短暂下跌，不过这种负面影响很快消失，2018 年 5 月之后，浙江省绿色金融安全水平出现明显回升。2020 年以来，受新冠疫情影响，全球金融环境的不确定性大大增强，得益于浙江省强大的经济韧性，浙江省的经济发展水平迅速恢复，浙江省绿色金融安全水平也在此推动下稳步回升，2020 年 10 月已恢复至 2019 年同期水平。

为分析浙江省宏观经济要素对绿色金融安全的冲击效应，本章选取 GDP 增长率（度量经济增长）、CPI 增长率（度量通货膨胀）、公共财政支出增长率（代表财政政策）、广义货币供应量增长率（M2）（代表货币政策）以及外商投资企业数增长率等六个指标作为解释变量，浙江省绿色金融安全指数作为被解释变量以建立 Var 模型。从格兰杰因果关系检验可以看出，通货膨胀率对浙江省绿色金融安全产生了直接的影响，而绿色金融安全可以直接影响广义货币供给量的增速。通过脉冲响应分析和方差分解分析，本章得出了几个主要结论。

（1）大部分宏观经济要素对浙江省绿色金融安全产生负向影响，其中通货膨胀对浙江省绿色金融安全的负向冲击效应是最强的。除通货膨胀率外，其他宏观经济变量对浙江省绿色金融安全的方差贡献度相对较小。

（2）经济增长和货币发行量的增加对于浙江省绿色金融安全的冲击在样本期内均为负。因此在制定保障绿色金融安全方面政策、防范绿色金融风险时，应使经济增长保持在合理区间以及注意通货膨胀率对绿色金融安全可能产生的负向影响。

（3）公共财政支出增加在短期内会降低绿色金融安全，但在长期内宽松的财政政策会提高绿色金融安全的水平。浙江省为巩固绿色金融安全水平，应充分利用货币政策以及财政政策，大力推进绿色项目投资，通过政府的引导性投资为拓宽绿色项目融资提供保障，同时积极发挥财政对绿色信贷的贴息机制以扩大绿色信贷的规模。

（4）外商直接投资变动在短期内对金融安全水平的提高有正向作用，但在长期内则产生负向作用，之后逐渐减小。因此，浙江省应持续增强经济韧性，使外部经济金融环境的变化对绿色金融安全的负向影响保持在可控范围。

第六章

综合绩效驱动下浙江省绿色金融发展的动力机制研究

第一节　浙江省不同绿色金融驱动机制

一、浙江省绿色金融的市场需求驱动机制

这一机制指随着"两美"浙江建设战略对于各行业服务浙江省绿色发展巨量资金的需求引致的绿色金融发展驱动，绿色金融研究领域主要涉及各类在建的绿色项目或已立项拟建设的绿色项目。绿色金融的投资动机来自投资人对绿色项目市场发展前景的预判。该驱动机制下的绿色金融衡量指标主要包括绿色项目合同金额、绿色直接投资等。

二、浙江省绿色金融的政府引导驱动机制

这一机制指因国家战略及政府政策特别是绿色金融创新试验区在浙江省的落地，引致的绿色金融发展驱动，绿色金融研究领域主要涉及中央及地方政府在特定条件下给予的各类政策性绿色补贴及污染惩罚。该驱动机制下的绿色金融衡量指标主要包括绿色财政支持、绿色税减免、污染税增收等。

三、浙江省金融行业自身的绿色转变驱动机制

这一机制指浙江省复杂的以民间金融为主的金融业态本身的绿色转变需求（使之更适应并匹配绿色产业发展的需求）引致的绿色金融发展驱动，绿色金融研究领域主要包括绿色金融产品市场，如绿色信贷、绿色证券与基金、绿色保险等。该驱动机制下的绿色金融衡量指标包括市场规模、产品分布、市场收益与风险等。

第二节　浙江省不同驱动机制下绿色金融发展的宏观经济效用实证分析

一、数据来源与处理说明

本章选用的数据主要为月度数据，考虑绿色金融在浙江省自 2017 年以来才得以蓬勃发展，不同绿色金融驱动机制的数据相对较难获取，因而最终我们能够收集到的能匹配完全的数据区间为 2017 年 1 月至 2021 年 12 月。数据主要分为四大类。第一类为需要通过主成分分析方法简化的综合数据集，这一类主要包括宏观经济运行状况数据集和价格要素数据集，前者共包括了 24 个变量，包括了经济产值、进出口、投资、财政状况等表示浙江省经济运行状况的重要指标；后者则由重要的价格指数构成，共包括 6 个变量，既在一定程度上反映了浙江省总体及重要生产要素价格水平，也在一定程度上代表通货膨胀的程度。第二类数据主要由浙江省现行的货币政策和财政政策组成，涉及的变量主要包括存款准备金率、央行基准利率、新增贷款、财政支出等，这类变量在方程中是起到政策控制的作用，同时也可以作为稳健性检验的需要，观测在政策控制下不同驱动机制的绿色金融发展对浙江省宏观经济的冲击效用。第三类数据为衡量可持续发展的相关指标，同样需要主成分分析法生成综合指标，相关变量主要包括产业结构优化指标和污染治理、科技研发等指标。第四类数据即本章关心的不同驱动机制下测度绿色金融发展的指标，如前文所述，我们将绿色金融发展主要分为三个层面的驱动：一是巨量资金的市场需求驱动，选用财政部公布的生态建设和环境保护 PPP 项目投资额表示；二是政府引导驱动，选用国家统计局公布的节能环保公共财政支出表示；三是金融行业自身绿色转变需要的驱动，选用中债估值中心公布的中债－中国绿色债券指数表示。我们将所有的变量汇总至表 6-1 中。

表 6-1　主要经济变量列表

要素	变量名称	要素	变量名称
宏观经济活动要素	1. 工业增加值：当月同比（%）	价格要素	1. 出口价格指数（HS2）（上年同月 =100）
	2. 工业企业资产总计（亿元）		2. 进口价格指数（HS2）（上年同月 =100）
	3. 工业企业利润总额：累计值（亿元）		3.CPI：当月同比（%）
	4. 焦炭产量：当月值（万吨）		4.RPI：当月同比（%）
	5. 粗钢产量：当月值（万吨）		5.PPI：当月同比（%）
	6. 水泥产量：当月值（万吨）		6.PPIRM：当月同比（%）
	7. 汽车产量：当月值（辆）	可持续变量	1. 科学研究和技术服务业新增企业数（家）
	8. 进出口金额：累计值（亿元）		2. 科学研究和技术服务业新增企业注册资本总额（万元）
	9. 固定资产投资完成额：累计同比（%）		3. 水利、环境和公共设施管理业新增企业数（家）
	10. 房地产开发投资完成额：累计值（亿元）		4. 水利、环境和公共设施管理业新增企业注册资本总额（万元）
	11. 社会消费品零售总额：当月值（亿元）		5. 第三产业新增企业家数占比（%）
	12. 各项贷款余额（亿元）		6. 第三产业新增企业注册资本总额（%）
	13. 平均汇率：欧元兑人民币		7. 第三产业新增注册资本总额（万元）
	14. 平均汇率：港元兑人民币	政策变量	1. 人民币存款准备金率（%）
	15. 平均汇率：100 日元兑人民币		2. 货币供给量 M2（%）
	16. 地方公共财政收入：当月值（亿元）		3. 各项贷款余额（亿元）
	17. 浙江物流业景气指数 (LPI)		4. 一年期国债利率（%）
	18. 消费者信心指数		5. 地方公共财政支出（亿元）
	19. 实际利用外商直接投资：累计值（亿元）	绿色金融变量	1. 生态建设和环境保护 PPP 项目投资额累计值（亿元）
	20. 外商直接投资企业：累计值（亿元）		2. 节能环保地方公共财政支出：当月值（亿元）
	21. 各项贷款余额：票据融资（亿元）		
	22. 社会保障和就业地方公共财政支出：当月值（亿元）		3. 中债 – 中国绿色债券指数
	23.GDP：当月值（亿元）		
	24.PPP 项目投资额（亿元）		

注：本表中的所有数据均来自 Wind 数据库。

二、实证分析及讨论

在 FAVAR 模型的第一步分析过程中，需要对宏观经济活动要素的 24 个变量进行因子分析，得到的结果中 KMO 值为 0.695，Bartlett 球形检验值为 2709.45；对价格要素的分析中，得到的 KMO 值为 0.634，Bartlett 球形检验值为 350.81；对可持续发展变量的分析中，得到的 KMO 值为 0.612，Bartlett 球形检验值为 145.87。以上统计值的显著性均为 1% 以下，其他相关的统计性指标也证明本章选取的大类指标适合因子分析法，在此不详细列出。

此后，我们将通过因子分析法得到关于宏观经济活动要素、价格要素和可持续发展变量的指标综合，进入第二步的脉冲响应分析。

我们首先考虑在一定的货币或财政政策背景下，不同驱动机制绿色金融发展对宏观经济活动的冲击效应，如图 6-1 至图 6-3 所示。图中从左至右依次作为政策控制变量进入模型分析的为：存款准备金率、货币供给量 M2、各项贷款余额、一年期国债利率和地方公共财政支出。

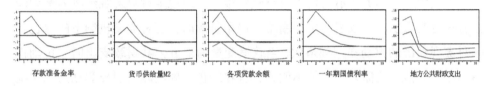

图 6-1　浙江省绿色金融的市场需求驱动对宏观经济活动要素的脉冲响应

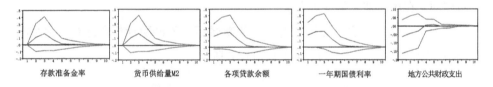

图 6-2　浙江省绿色金融的政府引导驱动对宏观经济活动要素的脉冲响应

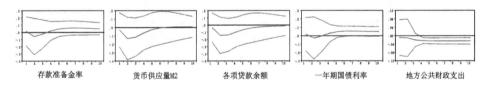

图 6-3　浙江省绿色金融的行业绿色转变驱动对宏观经济活动要素的脉冲响应

从图 6-1 至图 6-3 的脉冲响应可以看出：（1）绿色金融的市场驱动对宏观经济的影响在初期会表现出正向影响，在第三期后出现负向影响，并逐渐回归至无影响。（2）绿色金融的政府引导驱动对宏观经济影响整体上表现出正向影响，一般会在第三期达到最高点，随后逐渐回归至无影响。但值得注意的是，当控制变量为地方公共财政支出时，其对宏观经济的影响在初期是负向的，但随着时间的推移逐渐减弱，慢慢趋于无影响。（3）绿色金融的行业绿色转变驱动对宏观经济的影响在初期会表现出负向影响，在第二期负向影响达到最大值，随后逐渐回归至平稳的正向影响或无影响。（4）图中的纵轴表示的是宏观经济综合指标的标准化值，通过该值发现政府引导驱动和市场驱动对宏观经济的拉动作用都较大，峰值超过或接近 0.2 个单位，但总体仍旧是政府引导驱动对宏观经济的正向效用最为明显。目前来看，金融行业自身绿色转变需求的驱动对宏观经济影响前期为负向拉动作用，但拉动作用较小，均在 0.2 个单位以下；从长期看，只有金融行业自身绿色转变需求的驱动会对宏观经济产生正向的影响，且有持续效应。（5）在不同货币及财政政策下，绿色金融对宏观经济的推动趋势有一定的区别，当政策变量为新增人民币贷款时，三种驱动机制下的绿色金融对宏观经济的拉动作用都最大；当政策变量为地方公共财政支出时，拉动作用相较于其他政策而言，十分不明显，且在绿色金融的政府引导驱动这一情况下，其他政策变量都是正向影响，只有其为负向影响，并在第四期出现轻微的正向拉动，在第六期又消失为零。

接下来考虑在一定的货币或财政政策背景下，不同驱动机制绿色金融发展对价格要素的冲击效应，如图 6-4 至图 6-6 所示。

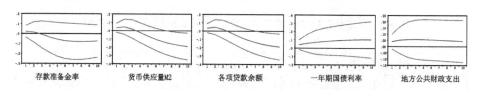

图 6-4　浙江省绿色金融的市场需求驱动对价格要素的脉冲响应

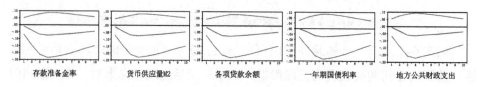

图 6-5　浙江省绿色金融的政府引导驱动对价格要素的脉冲响应

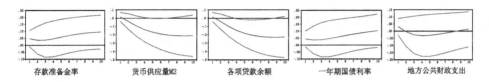

图6-6 浙江省绿色金融的行业绿色转变驱动对价格要素的脉冲响应

从图6-4至图6-6的脉冲响应可以看出:(1)不同驱动机制绿色金融的正向冲击对价格要素的影响表现非常不同,且同一冲击在不同的货币或财政政策下表现也十分不同。在市场需求驱动的正向冲击下,当货币或财政政策变量为存款准备金率、货币供应量M2及各项贷款余额时,初期会出现微弱的正向影响,但是后续会回落至负向影响,并逐渐趋于平稳,当货币或财政政策变量为一年期国债利率或地方公共财政支出时,将出现长效的正向拉动作用。在政府引导的正向驱动下,不同货币或财政政策影响趋势差别不大,均为负向冲击,第四期到达最低点,后续逐渐回调至平稳。在行业绿色转变的正向冲击下,当货币或财政政策变量为存款准备金或一年期国债利率时,将出现长效的正向拉动作用,且有正向拉动作用呈现持续上扬的态势;当货币或财政政策变量为货币供给量M2或各项贷款余额时,呈现负向效应,第五期后趋于平稳,但是无回调趋势;当货币或财政政策变量为地方公共财政支出时,初期呈现正向拉动作用,但逐步下行至出现负向影响,后续继续回正,整体冲击表现较为平稳。(2)从图中纵坐标的标准化值来看,当货币政策或财政政策为货币供给量M2或各项贷款余额时影响最大,在市场需求驱动和行业绿色转变驱动下,其负向作用的峰值接近0.2;当货币政策或财政政策为地方财政支出时,三种驱动的正向冲击对价格要素的影响相对较小,无论是正向影响还是负向影响,峰值均未超过0.05。

最后考虑在一定的货币或财政政策背景下,不同驱动机制绿色金融发展对可持续发展变量的冲击效应,如图6-7至图6-9所示。

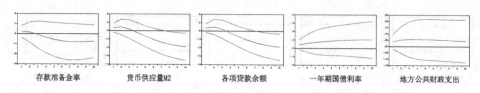

图 6-7　浙江省绿色金融的市场需求驱动对可持续发展要素的脉冲响应

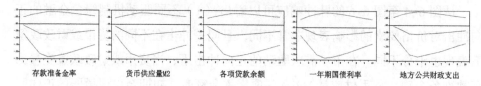

图 6-8　浙江省绿色金融的政府引导驱动对可持续发展要素的脉冲响应

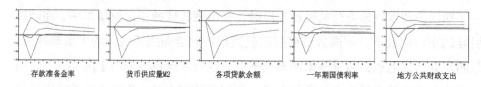

图 6-9　浙江省绿色金融的行业绿色转变驱动对可持续发展要素的脉冲响应

从图 6-7 至图 6-9 的脉冲响应我们可以看出：（1）不同驱动机制绿色金融的正向冲击对可持续发展要素的影响表现非常不同。绿色投资表示的市场需求驱动对可持续发展的影响初期呈现负效应，第二期达到最低点，后续回调，当货币或财政政策变量为存款准备金时，回调至无影响；当货币或财政政策变量为一年期国债利率和地方公共财政支出时，回调至正向影响。绿色支出表示的政府引导驱动对可持续发展的影响呈现波动效应，前期出现正向影响，第二期达到最高点，随后下降至出现负向效应，并于第三期到达最低点，后续回调至出现正向影响，第五期到达最高点，出现三个波动后，趋于无影响。绿色金融的行业绿色转变驱动在不同的控制变量下，对可持续发展的影响大体趋势相同，均为初期出现负向效应，第二期到达最低点，随后回调并趋于平稳，但是不同的控制变量，其波动幅度及后续回调程度有所变化。当货币或财政政策变量为存款准备金率、一年期国债利率及地方公共财政支出时，绿色金融的行业绿色转变对可持续发展有一个长效的推动作用。从图中我们也可以明显看到，无论是哪种驱动，对可持续发展要素都存在负向影响，并在数期后会自动收敛为零，但它表现出的消极作用却不得不令人深思。（2）从图中纵坐标的标准化值来看，政府引导驱动的负作用影响最大，其中负向冲击的峰值超过了 0.2；市场需求驱动和金融行业自身绿色转变的驱动在绝对值上影响较弱，正向影响峰值均未达到 0.1。（3）在不同货币及财政政策下，各种驱动机制下绿色金融对可持续发展要素的作用趋势没有显著差异，但是作用幅度有所不同，一年期国债利率和地方公共财政支出表现最佳。

第三节　不同驱动机制下浙江省绿色金融政策模拟研究

一、浙江省绿色金融的市场需求驱动对各类综合要素影响的实证研究

为探究浙江省绿色金融的市场需求驱动对各类综合要素的影响，本章从价格要素综合指数、宏观要素综合指数以及可持续发展综合指数三个角度进行探究，并建立以下回归分析模型：

$$\text{Factor}_{it}=\alpha+\beta_{1it}\,\text{Market}_{it}+\beta_{2it}\,\text{Controls}+\mu_{it}$$

其中，Factor 为价格要素综合指数 Price-index、宏观要素综合指数 Macro-index 以及可持续发展综合指数 Sustain-index 三类综合指数，具体定义与前文相同；Market 为生态建设上的 PPP 项目投资额；Controls 为控制变量。回归结果如表 6-2 所示。

表 6-2　浙江省绿色金融发展对区域金融安全的影响

变量		Price-index	Macro-index	Sustain-index
Market		−2.624***	−0.533***	−2.146***
		(−5.30)	(−10.05)	(−2.07)
控制变量		YES	YES	YES
R-squared		0.340	0.903	0.382

通过上表我们可以发现，绿色金融的市场需求驱动指标变动对宏观经济综合指数、价格要素综合指数和可持续发展要素综合指数的影响系数分别是 −0.533、−2.624 和 −2.146，由该系数可知，市场驱动对于宏观经济综合指数、

价格要素综合指数和可持续发展要素均具有负向效应，这表明现阶段浙江省绿色金融的市场需求仍处于萌芽阶段，资本市场对其认可度不高，未能形成规模效应。

假设普通投资分别减少 5%、10%、15%、20%、30%，在投资总额不变的前提下，绿色投资会增加相应比例。宏观经济综合指数、价格要素综合指数和可持续发展要素综合指数变动结果如图 6-10 至图 6-12 所示。

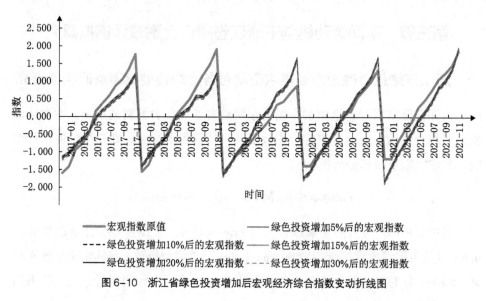

图 6-10　浙江省绿色投资增加后宏观经济综合指数变动折线图

由上图可知，绿色投资的增加，在初期会使宏观经济指数下降，但在中期会拉动宏观经济的发展，后期宏观经济指数又会有所回落，这也与经济发展规律相契合。初期，绿色投资的增加使得普通投资有所减少，但绿色经济作为新兴产物，前期投资的回报相较于普通投资而言又较少，因此宏观经济会受到一定的负面影响。但随着绿色经济的进一步发展，效益逐步体现，成了经济新增长点，对宏观经济有了明显的拉动作用。后期宏观经济指数又趋于回落的原因是绿色投资的实际增加额非常小，因此绿色投资的叠加幅度也比较小，前期的投资红利趋于消淡。由此可见，绿色投资的增加从长效来看，会对经济产生正面的影响，但是现阶段浙江省仍处于绿色投资发展前期，绿色投资的持续性有待进一步加强。同时，可以看到绿色投资增加的幅度不管有多少，对宏观经济指数的影响都相类似，无明显差异，这表明绿色投资现阶段规模还是较小，规模效应还未完全凸显，因此，绿色投资的力度仍需进一步加强。

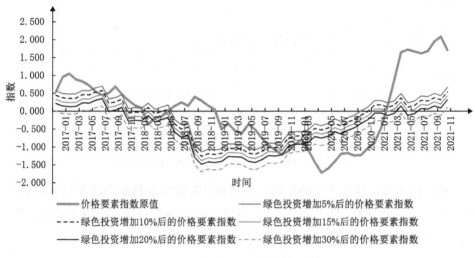

图 6-11　浙江省绿色投资增加后价格要素指数变动折线图

由上图可知，绿色投资的增加在初期会使价格要素指数下降，在中后期会拉动宏观经济的发展，随后价格要素指数又会有所回落，与宏观经济综合指数的变化相类似。但与宏观经济综合指数变化相比，其拉升效益来得更为缓慢，且后期回落幅度更大。随着政策的叠加，整个价格要素指数的变化会变得更加平稳，这主要因为价格指数的构成为 CPI、RPI、PPI 等，这些指标对于绿色投资带来效益的反应时间滞后于绿色投资直接作用的宏观经济指标，因此，其初期价格要素指数回落的时间和攀升的时间均滞后于宏观经济综合指数相同变动的时间。同时可以看到，绿色投资增加的幅度不管是多少，对宏观经济指数的影响幅度一致，但其变动区分度相较宏观经济综合指数更为明显，这表明价格要素指数对于绿色投资的反应更为敏感，这也与上面分析结果相契合。

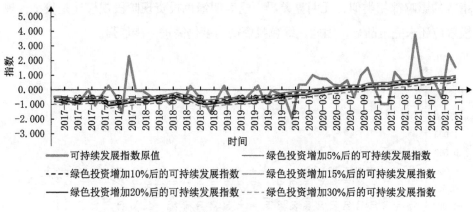

图 6-12　浙江省绿色投资增加后可持续发展指数变动折线图

由上图可知，绿色投资的增加，会降低可持续发展指数的波动幅度，使其趋于稳步上升的阶段。由此可见，绿色投资额度的增加对可持续发展会起到稳步推进的作用，且长效机制较为显著。

二、浙江省绿色金融的政府引导驱动对各类综合要素影响的实证研究

为探究浙江省绿色金融的政府引导驱动对各类综合要素的影响，本章从价格要素综合指数、宏观要素综合指数以及可持续发展综合指数三个角度进行探究，并建立以下回归分析模型：

$$\text{Factor}_{it} = \alpha + \beta_{1it}\,\text{Gov}_{it} + \beta_{2it}\,\text{Controls} + \mu_{it}$$

其中，Factor 为价格要素综合指数 Price-index、宏观要素综合指数 Macro-index 以及可持续发展综合指数 Sustain-index 三类综合指数，具体定义与前文相同；Gov 为浙江省公共财政在节能环保上的支出额；Controls 为控制变量。回归结果如表 6-3 所示。

表 6-3　浙江省绿色金融发展对区域金融安全的影响

变量		Price-index	Macro-index	Sustain-index
Gov		0.009*	−0.007*	0.331*
		(−5.30)	(−1.69)	(1.80)
控制变量		YES	YES	YES

变量	Price-index	Macro-index	Sustain-index
R-squared	0.872	0.473	0.456

　　绿色金融的政府引导驱动指标变动对宏观经济综合指数、价格要素综合指数和可持续发展要素综合指数的影响系数分别是 −0.007、0.009 和 0.331，由该系数可知，政府引导驱动对宏观经济综合指数具有负向效应，但对价格要素综合指数和可持续发展要素具有正向效应。

　　假设非绿色支出分别减少 5%、10%、15%、20%、30%，在绿色支出总额不变的前提下，绿色支出会增加相应比例。宏观经济综合指数、价格要素综合指数和可持续发展要素综合指数变动结果如图 6-13 至图 6-15 所示。

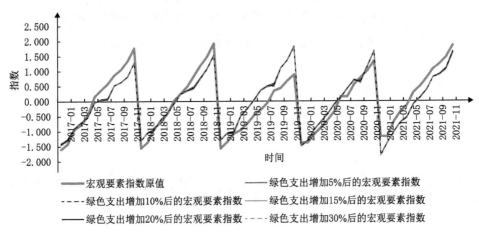

图 6-13　浙江省绿色支出增加后宏观经济综合指数变动折线图

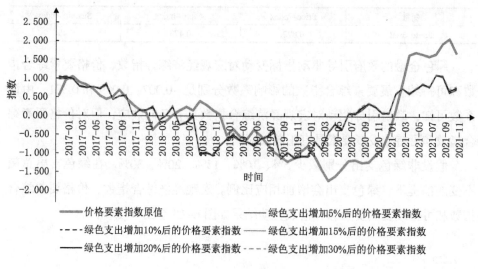

图 6-14　浙江省绿色支出增加后价格要素指数变动折线图

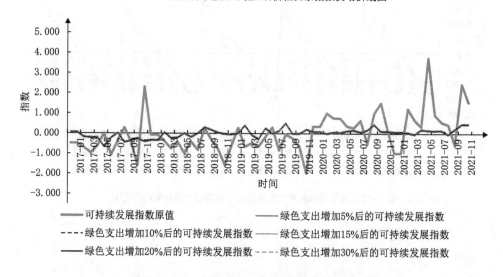

图 6-15　绿色支出增加后可持续发展指数变动折线图

由上图可知，随着政府绿色支出的增加，宏观经济综合指数、价格要素指数和可持续发展指数的变动，与前面绿色投资增加后所带来的宏观经济指数变化相类似，但幅度更小，且不同程度绿色支出的增加，所引起的变化差异性更小。主要原因是政府绿色支出相较而言规模小，但政府引导所带来的市场面绿色经济投资的增加，会带动宏观经济的发展，后期随着政府引导力度的降低，绿色投资增加幅度也会变小。由此可见，政府引导本质上不是政府直接投资的增加，而是政府出台相关政策，引导社会面绿色投资的增加。

三、浙江省绿色金融的行业绿色转变驱动对各类综合要素影响的实证研究

为探究浙江省绿色金融的行业绿色转变驱动对各类综合要素的影响，本章从价格要素综合指数、宏观要素综合指数以及可持续发展综合指数三个角度进行探究，并建立以下回归分析模型：

$$Factor_{it}=\alpha+\beta_{1it} Gov_{it}+\beta_{2it} Controls+\mu_{it}$$

其中，Factor 为价格要素综合指数 Price-index、宏观要素综合指数 Macro-index 以及可持续发展综合指数 Sustain-index 三类综合指数，具体定义与前文相同；Transform 为中国绿色债务指数；Controls 为控制变量。回归结果如表 6-4 所示。

表 6-4　浙江省绿色金融发展对区域金融安全的影响

变量	Price-index	Macro-index	Sustain-index
Transform	−0.102***	−0.054***	0.042***
	(−5.14)	(−4.74)	(3.98)
控制变量	YES	YES	YES
R-squared	0.321	0.912	0.315

绿色金融的行业绿色转变驱动指标变动对宏观经济综合指数、价格要素综合指数和可持续发展要素综合指数的影响系数分别是 −0.054、−0.102 和 0.042，由该系数可知行业绿色转变驱动对宏观经济综合指数和价格要素指数具有负向效应，但对可持续发展要素具有正向效应。

假设普通资本分别减少 5%、10%、15%、20%、30%，绿色金融资本会增加相应比例。宏观经济综合指数、价格要素综合指数和可持续发展要素综合指数变动结果如图 6-16 至图 6-18 所示。

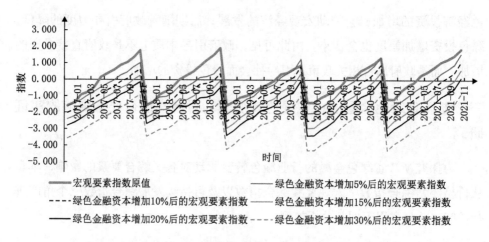

图 6-16　浙江省绿色金融资本增加后宏观经济综合指数变动折线图

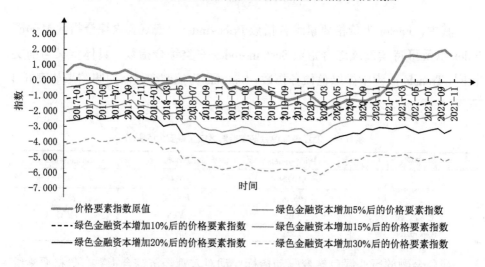

图 6-17　浙江省绿色金融资本增加后价格要素指数变动折线图

由上图可知，绿色金融资本的增加，对宏观经济综合指数和价格要素指数均会产生负向影响，且增加幅度越大，产生的负向影响越大。这是由浙江省资本市场的不完善所引起的。绿色金融资本的增加，使得普通资本投入减少，且绿色金融资本增加得越多，普通资本投入得越少，绿色金融资本的投入并未有效发挥其引导经济完成绿色转型的作用，因此，绿色金融资本增加只是单纯地减少了原本属于普通资本给经济发展带来的效益。价格要素又随着宏观经济要素的变动而发生同频变化。由此可见，浙江省绿色金融资本市场仍有极大的完善空间，特别是在引导资金使用方面。

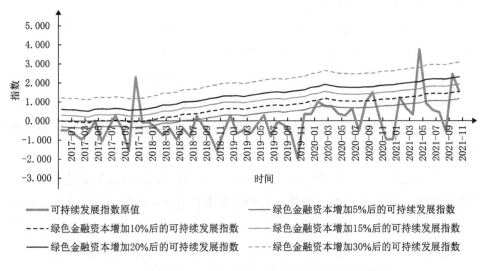

图6-18　浙江省绿色金融资本增加后可持续发展指数变动折线图

由上图可知，绿色金融资本的增加，会对可持续发展带来正面影响，且增加幅度越大，产生的正面影响越大。主要原因是资本市场的资金更偏爱投入高科技型产业及新兴产业，对可持续发展有极大的推进作用。

第四节　研究结论

本章就不同绿色金融驱动机制对浙江省重要的宏观经济及可持续发展指标进行了冲击效应分析，随后对绿色金融驱动机制进行了政策模拟研究。研究结果如下：

（1）由浙江省绿色投资缺口引致的绿色金融市场需求驱动对各类经济综合要素的作用具有一定的波动性。但在货币或财政政策为一年期国债利率和地方共财政支出这两个变量发挥作用时，绿色金融市场需求驱动的正向冲击对价格要素和可持续发展有持久的拉动作用。在政策模拟过程中，绿色投资不同程度地增加，对宏观经济要素及价格要素的影响都表现出一定的波动性，对可持续发展指数，则会降低其波动幅度，使其趋于稳步上升。从图表的分析中，我们也不难看出，浙江省绿色金融市场需求驱动规模仍旧较小，未能形成明显的规模效应，且后期动力表现不足。

（2）政府引导驱动对宏观经济活动要素有正向拉动作用，对价格要素有负向效益，对可持续发展要素的影响则有较明显的波动性。这和政策本身的政府干预性有关，政府驱动下的绿色金融发展更多以前期较强冲击为主，一定时间后这种冲击会消失，这说明浙江省政府推出的现有绿色金融政策并不以长期性政策为主，或者说在绿色金融初期，我们仍在摸索政策的实际效用，还未形成较稳定的政策模型。

（3）金融行业自身的绿色转型驱动在不同的货币或财政政策变量下，表现差异性较大，当货币或财政政策变量为存款准备金或一年期国债利率时，对各类综合要素都有着明显的长期向好的推动趋势，当货币或财政政策变量为货币供给量 M2 及各项贷款余额时，会对各类综合要素起到负向作用。这主要是金融市场的不稳定性所致。在政策模拟过程中，绿色金融资本不同程度地增加，会对宏观经济综合指数和价格要素指数产生负向影响，且增加幅度越大，产生的负向影响越大，但会对可持续发展带来正向影响，且增加幅度越大，产生的正向影响越大。

第七章

绿色金融对产业结构升级的影响——湖州案例

第一节　湖州市绿色金融与产业结构发展现状分析

一、湖州市绿色金融发展现状分析

得益于政策基础，湖州市是我国绿色金融发展最具代表性的城市之一。如前文所述，湖州市是"绿水青山就是金山银山"理论的发源地，是我国第一批绿色金融创新试验城市（钱水土等，2019），湖州市关于促进绿色金融发展的方针处于全国前哨。为响应国民经济和社会发展第十三个五年规划，湖州市政府也在2017年提出了湖州市绿色金融"十三五"发展规划，以原有经济总量和金融发展为基础提出了"绿色导向、因地制宜等基本原则和打造全国绿色金融改革创新综合试验区"的大目标以及"实现绿色经济新发展，建设绿色银行、绿色信贷、绿色保险和绿色基金新体系"的具体目标，全方位提升湖州市绿色金融发展水平。湖州市政府在规划中将绿色银行、绿色信贷服务作为重点，同时强调要建立绿色共享以及协同扶持力度以实现全面协调发展。与此同时，为把握好湖州市绿色金融发展的重点，以创新驱动发展，规划中重点提出要探索绿色支付载体，真正做到创新。

从2020年8月发布的《湖州市绿色金融发展报告（2019）》（下称《报告》）中可以看出，2019年，湖州市在绿色金融发展方面再一次取得了显著的成效。在一整年中，湖州市持续发展绿色金融改革创新，在各个方面更为全面地发展绿色金融：加强绿色债券和绿色基金的投放，深化绿色保险试点和绿色信贷创新，同时加强金融供给力度，鼓励并推动绿色企业上市，培育绿色市场主体。

除此之外，湖州市创造性地开展了"三系统一平台"建设，创造了极具地方特色的金融规范，贯彻落实创新引领政策，不断深化基础设施建设。

湖州市在加强实体绿色金融建设的同时还不断增强其能力建设，用心打造健康完善的绿色金融发展氛围，合理化绿色金融市场。同时，湖州市提高绿色专营机构准入门槛，通过加强评估力度，高标准严要求，积极建立绿色信贷业绩评估和银行监管体系。为了绿色金融政策更有效地实施，湖州市还借助法律手段，灵活高效运用司法保障，坚持环境信息披露，提高透明度，构建完善的自律机制和不良风险防控体系。

对比湖州市绿色金融"十三五"规划和《报告》可以看出，湖州市不仅在三年多的时间内实现了"十三五"规划的目标，还取得了突破性的成绩。正因如此，湖州市走在了全国绿色金融发展的前列，已获得 30 多项领先试点成果及各种绿色金融奖项，也为其他城市绿色金融的发展提供了生动的案例经验。

二、湖州市产业结构现状分析

产业结构即三大产业产值占生产总值的比重。想了解湖州市产业结构发展状况就必须要了解湖州市地区生产总值以及三大产业占生产总值的比重。根据湖州市统计局官网每年公布的国民经济及社会发展统计公报，可以得到湖州市近十年 GDP 数据以及三大产业在其中的占比，如表 7-1 所示。

表 7-1 湖州市近十年三大产业生产总值情况表

单位：亿元

年份	地区生产总值（GDP）	第一产业	第二产业	第三产业
2011	1518.83(10.8%)	116.02(7.6%)	824.55(54.3%)	578.26(38.1%)
2012	1661.97(9.7%)	123.31(7.4%)	888.2(53.4%)	650.46(39.2%)
2013	1803.2(9.0%)	125.6(7.0%)	953.2(52.8%)	724.4(40.2%)
2014	1956(8.4%)	121(6.2%)	1001.6(51.2%)	833.4(42.6%)
2015	2084.3(8.3%)	122.4(5.9%)	1026.7(49.2%)	935.1(44.9%)
2016	2243.1(7.5%)	127.8(5.7%)	1058.1(47.2%)	1057.2(47.1%)
2017	2476.1(8.5%)	127.3(5.1%)	1173.7(47.4%)	1175.1(47.5%)
2018	2719(8.1%)	127.7(4.7%)	1273.6(46.8%)	1317.7(48.5%)
2019	3122.4(7.9%)	133.8(4.3%)	1595.4(51.1%)	1393.2(44.6%)
2020	3201.4(3.3%)	140.5(4.4%)	1587.6(49.6%)	1473.3(46.0%)

数据来源：湖州市统计局。

　　由上表可以看出，对于地区生产总值，虽然湖州市同样处于全球经济不景气的大背景下，GDP 增长速度逐年降低，但是其 GDP 仍然保持逐年增长，并且增长趋势稳定。在 2020 年新冠疫情期间，湖州市地区生产总值增长率较上年降低了 4 个百分点，但并没有停止增长。这说明湖州市目前的产业结构较为科学稳固，在面临重大危机时可以自我调节、自我平衡，以维持经济增长。

　　结合柱状图（图 7-1）具体来看湖州市三大产业在近十年以及新冠疫情期间的发展状况。湖州市第一产业在地区生产总值中的占比始终处于最低的位置，变化也较为缓慢，但始终处于增长状态，即使是在 2020 年疫情期间，第一产业占比较上一年也没有降低甚至还有上升。第二产业和第三产业的变化趋势大致相同，都是处于逐年增长状态。在 2016 年以前，第二产业的增长趋势要快于第三产业；而在 2016 年以后，第三产业增长趋势与第二产业势均力敌；在 2018 年，第二产业的生产总值甚至被第三产业超过，这说明第三产业正处于高速成长时期。并且随着现代化的推进，越来越多新经济形式的出现为第三产业的发展提供了良好的平台，打下了夯实的基础。在疫情影响下，第二产业发展停滞，2020 年数据较 2019 年增长幅度小，而第三产业则并未受到太大的影响，仍然保持着增长的趋势，并且增长幅度已经十分接近第二产业，相对于此前三年来说，有较大的进步。这主要取决于各产业自身的特点，第二产业主要是工业，涉及各类专业工人和工业产品；而第三产业即服务业，主要包括各类服务与商品交易。第二产业的运行不可避免地需要工人的参与，但在疫情期间，为保证安全，工厂多数停工，第二产业便失去了运转的动力以致难以发展。而第三产业则不同，得益于互联网以及现代化物流发展，除了流通部门受到影响之外，其余部门如金融业、教育业以及国家机关，大多可以采取互联网线上无接触方式维持运行，因此受到的影响较小。

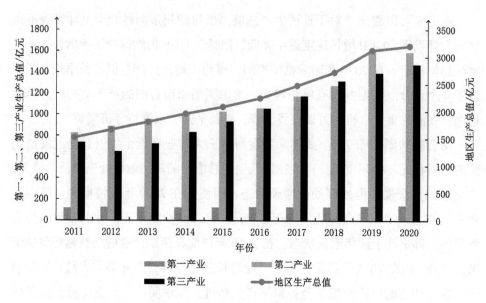

图 7-1 湖州市近十年地区生产总值情况

近十年来，湖州市产业结构状况也有较为明显的变化，湖州市统计局每年都会公布湖州市三大产业所占比重，以了解湖州市产业结构并且采取针对性的措施来促进经济发展。以变化较小的第一产业作为参照，计算得出湖州市产业结构状况如表 7-2 所示。

表 7-2 湖州市十年三大产业比例

年份	比例
2011	1：7.11：6.35
2012	1：7.20：5.27
2013	1：7.59：5.77
2014	1：8.28：6.89
2015	1：8.39：7.64
2016	1：8.28：8.27
2017	1：9.22：9.23
2018	1：9.97：10.32
2019	1：11.92：10.41
2020	1：11.30：10.49

数据来源：湖州市统计局。

由上表可以更为直观地看出，相较于第一产业，湖州市第二、第三产业所占比重逐年上升，并且从 2016 年开始，第二、第三产业的占比大致相同，在 2018 年，甚至出现了第三产业占比更大的情况。

由此可得，湖州市第二产业和第三产业占比正处于稳定增长、基本持平状态。综合考虑湖州市发展现状以及当前经济形势，不难预测，未来湖州市第二、第三产业将会继续增长，并且势均力敌，第三产业占比甚至可能超过第二产业。

第二节　灰色关联度模型基本原理及计算方法

一、灰色关联度模型

灰色关联度分析（Grey Relation Analysis，GRA），是一种较为常见的多因素统计分析方法，研究对象所处系统为灰色系统，即系统结构、系统作用原理等信息不明确的系统。（张莎，2019）分析内容为在灰色系统中的某一项因素受其他因素的影响大小，利用此模型计算出各项因素与所研究因素的关联度，根据关联度对各项因素进行排序，排名较靠前的因素即相关性较大的因素，而排名靠后的因素则被视为相关性较小。

通过灰色关联度模型计算出关联度并且排序之后，就可以较为准确地了解到影响目标的主导因素和辅助因素或者潜在因素，在此基础之上，便可以有针对性地选择关联度较大的因素来进行政策安排或者重点关注，以提高目标实现的效率。

除此之外，灰色关联模型的优点还体现在其适用范围上。当前，随着绿色环保需求的提高以及政府政策的支持，湖州市绿色金融发展迅速，学界对于绿色金融的研究也处于上升期，但还不完善，信息也不够全面。湖州市绿色金融的发展现状符合灰色系统的特点，这意味着一般计算模型无法准确计算出湖州市绿色金融与产业结构之间的关系。而灰色关联度模型正好可以用于研究信息不完善的情况，因此，本章运用灰色关联度模型来进行实证分析。

广义的灰色关联度可以分为灰色综合关联度以及灰色相对、绝对关联度，不同名称的关联度，其计算方法也有所不同。其中灰色相对关联度分析相较于灰色绝对关联度分析的精确度更高，数据之间的区分也较大，因此较为常用。本章使用的也是灰色相对关联度模型。

二、计算方法

灰色相对关联度与灰色绝对关联度计算方法类似，前者以后者为基础。因此要计算灰色相对关联度，首先需要知道灰色绝对关联度是如何计算的。灰色绝对关联度计算的基本前提是参考序列 $\{X_i\}=[\,x_i(1),\ x_i(2),\ \cdots,\ x_i(n)\,]$ 和比较序列 $\{X_j\}=[\,x_j(1),\ x_j(2),\ \cdots,\ x_j(n)\,]$ 长度相同且皆为 1。以下是灰色绝对关联度的计算方法。

1. 计算始点零化像

$$X_i^0=[\,x_i(1)-x_i(1),x_i(2)-x_i(1),\ \cdots,\ x_i(n)-x_i(1)\,]=[\,x_i^0(1),\ x_i^0(2),\ \cdots,x_i^0(n)\,]$$

$$X_j^0=[\,x_j(1)-x_j(1),\ x_j(2)-x_j(1),\ \cdots,\ x_j(n)-x_j(1)\,]=[\,x_j^0(1),\ x_j^0(2),\ \cdots,\ x_j^0(n)\,]$$

2. 计算 $|s_i|,|s_j|,|s_i-s_j|$

$$|s_i|=\left|\sum_{k=2}^{n-1}x_i^0(k)+\frac{1}{2}x_i^0(n)\right|$$

$$|s_j|=\left|\sum_{k=2}^{n-1}x_j^0(k)+\frac{1}{2}x_j^0(n)\right|$$

$$|s_i-s_j|=\left|\sum_{k=2}^{n-1}\left[\,x_i^0(k)-x_j^0(k)\,\right]+\frac{1}{2}\left[\,x_i^0(n)-x_j^0(n)\,\right]\right|$$

3. 计算绝对灰色关联度

$$\varepsilon_{ij}=\frac{1+|s_i|+|s_j|}{1+|s_i|+|s_j|+|s_i-s_j|}$$

在了解了灰色绝对关联度的计算方法后，灰色相对关联度的计算方法也同时明确，只需要对数据进行加工处理。在计算始点零化像之前，需要先计算出序列的初值像，并以初值像代替上述序列数值，再进行相对关联度计算，便可得到最终结果。以下是灰色相对关联度计算方法。

1. 利用初值法计算 x_i 和 x_j 的初值像，也就是对数据进行无量纲化

$$x_i'(1),\ x_i'(2),\ \cdots,\ x_i'(n) = \left(\frac{x_i(1)}{x_i(1)}, \frac{x_i(2)}{x_i(1)}, \cdots, \frac{x_i(n)}{x_i(1)} \right)$$

$$x_j'(1),\ x_j'(2),\ \cdots,\ x_j'(n) = \left(\frac{x_j(1)}{x_j(1)}, \frac{x_j(2)}{x_j(1)}, \cdots, \frac{x_j(n)}{x_j(1)} \right)$$

2. 计算和的始点零化像，得到绝对差数列

$$X_i'' = \left[x_i'(1)-x_i'(1),\ x_i'(2)-x_i'(1),\ \cdots,\ x_i'(n)-x_i'(1) \right]$$
$$= \left[x_i^0(1),\ x_i^0(2), \cdots,\ x_i^0(n) \right]$$

$$X_j'' = \left[x_j'(1)-x_j'(1),\ x_j'(2)-x_j'(1),\ \cdots,\ x_j'(n)-x_j'(1) \right]$$
$$= \left[x_j^0(1),\ x_j^0(2),\ \cdots,\ x_j^0(n) \right]$$

3. 计算 $|s_i'|, |s_j'|, |s_i'-s_j'|$

$$|s_i'| = \left| \sum_{k=2}^{n-1} x_i^0(k) + \frac{1}{2} x_i^0(n) \right|$$

$$|s_j'| = \left| \sum_{k=2}^{n-1} x_j^0(k) + \frac{1}{2} x_j^0(n) \right|$$

$$|s_i'-s_j'| = \left| \sum_{k=2}^{n-1} \left[x_i^0(k)-x_j^0(k) \right] + \frac{1}{2} \left[x_i^0(n)-x_j^0(n) \right] \right|$$

4. 计算相对灰色关联度

$$\gamma_{ij} = \frac{1+|s_i'|+|s_j'|}{1+|s_i'|+|s_j'|+|s_i'-s_j'|}$$

第三节　湖州市绿色金融对产业结构影响的实证分析

一、绿色金融与产业结构的度量指标选取

精确合理地研究绿色金融与产业结构升级之间的关系，需要选择合适的指标来进行衡量。本章的主体是绿色金融与产业结构之间的联系，因此本章采用绿色金融以及产业结构相关数据。曾学文、刘永强等（2014）采用主客观相结合的研究方法，根据各金融领域资产规模比重，通过专家打分，客观地衡量出不同绿色金融维度的重要性，最终得出，绿色信贷占比45%，是各种绿色金融业务中占比最大的业务。因此，绿色信贷相关数据最能够代表绿色金融发展状况，本章采取绿色贷款相关数据作为衡量绿色金融的指标之一。绿色金融衡量指标可以为正向的指标，即绿色环保相关金融指标，例如绿色信贷比；也可以为反面指标，例如规模以上企业的相关指标。

基于《湖州市统计年鉴》关于规模以上产业的定义，湖州市所指的规模以上行业大多都是污染较重的行业，即"两高一剩"行业。因此，湖州市规模以上行业的相关指标可以作为负面指标。本章所使用的绿色金融相关反面指标即近十年湖州市规模以上产业银行贷款余额占比变化。（见表7-3）

表7-3　近十年湖州市规模以上行业银行贷款余额及其变化

年份	银行贷款余额（亿元）	变化率（%）
2011	530.93	3.20
2012	580.84	9.40
2013	586.66	4.20
2014	553.57	−1.80
2015	539.94	−0.50
2016	563.77	6.90
2017	570.54	1.20
2018	577.38	1.20
2019	658.68	14.90
2020	753.20	11.70

数据来源：湖州市统计局。

而对于相关正面指标，由于湖州市对绿色信贷并没有做出详细统计，其余

绿色金融相关数据也较少，并不足以支撑实证分析。因此，本章选取湖州市特有的绿色金融发展指数来进行数据分析，该指数从 2018 年开始统计，是现阶段湖州市最具代表性的绿色金融数据。（见表 7–4）

表 7-4　湖州市 2017—2019 年绿色金融发展指数

年份	2017	2018	2019
指数	115	139	157

数据来源：湖州市绿色金融发展指数研究报告

所谓绿色金融发展指数，其含义是测度地区综合绿色发展情况的指标系统，具有较强的综合性和代表性。根据湖州市 2019 年 12 月发布的《区域绿色金融发展指数评价规范》（下称《评价规范》），该指数的得出需要一个综合性指标体系进行全面客观的量化评估，指标体系包括了 3 个一级指标、10 个二级指标和 45 个三级指标，最大程度上保证了最终数据的科学性。

对于产业结构相关指标，根据产业结构相关定义可知，产业结构即第一、第二、第三产业生产总值占地方 GDP 的比率。因此，本章统计了湖州市综合地方生产总值以及湖州市三大产业生产总值及其占比作为产业结构的相关数据（见表 7–1）。本章中绿色信贷相关数据来自湖州市统计局发布的近十年主要经济指标。

二、绿色金融与产业结构间的灰色关联度计算

首先，根据查找得到的湖州市三大产业生产总值的占比和规模以上行业银行贷款余额变化来计算湖州市绿色金融与产业结构之间的灰色关联度。在计算之前首先需要整理相关时间序列数据。将反映系统行为特征的湖州市规模以上行业银行贷款余额作为参考数列，定义为 X_0，将影响系统行为的三次产业占 GDP 的比重作为比较数列，分别定义为 X_1，X_2，X_3 具体情况如下。

$\{X_0\} = \left[x_0(1), x_0(2), \cdots, x_0(n) \right] = (530.93, 580.84, 586.66, \cdots, 658.68, 753.2)$

$\{X_1\} = \left[x_1(1), x_1(2), \cdots, x_1(n) \right] = (7.6\%, 7.4\%, 7.0\%, \cdots, 4.3\%, 4.4\%)$

$\{X_2\} = \left[x_2(1), x_2(2), \cdots, x_2(n) \right] = (54.30\%, 53.40\%, 52.90\%, \cdots, 51.10\%, 49.60\%)$

$\{X_3\} = \left[x_3(1), x_3(2), \cdots, x_3(n) \right] = (48.50\%, 39.10\%, 40.20\%, \cdots, 44.60\%, 46.00\%)$

定义好数据之后，下一步便是计算初值像，记为 X_0'，X_1'，X_2'，X_3'，根据灰色相对关联度计算步骤，得出初值像如下。

$$\{X_0'\} = [\, x_0'(1), x_0'(2), \cdots, x_0'(n) \,] = (1.00, 1.09, 1.10, \cdots, 1.24, 1.42)$$
$$\{X_1'\} = [\, x_1'(1), x_1'(2), \cdots, x_1'(n) \,] = (1.00, 0.97, 0.92, \cdots, 0.57, 0.58)$$
$$\{X_2'\} = [\, x_2'(1), x_2'(2), \cdots, x_2'(n) \,] = (1.00, 0.98, 0.97, \cdots, 0.94, 0.91)$$
$$\{X_3'\} = [\, x_3'(1), x_3'(2), \cdots, x_3'(n) \,] = (1.00, 0.81, 0.83, \cdots, 0.92, 0.95)$$

灰色相对关联度分析即在得出初值像的基础之上进行灰色绝对关联度的计算。根据灰色绝对关联度的计算步骤，接下来需计算 X_0'，X_1'，X_2'，X_3' 的始点零化像，即差序列，具体过程如下。

$$X_0'' = [\, x_0'(1)-x_0'(1), x_0'(2)-x_0'(1), \cdots, x_0'(n)-x_0'(1) \,]$$
$$= [\, x_0^0(1), x_0^0(2), \cdots, x_0^0(n) \,] = (0.00, 0.09, 0.10\cdots, 0.24, 0.42)$$
$$X_1'' = [\, x_1'(1)-x_1'(1), x_1'(2)-x_1'(1), \cdots, x_1'(n)-x_1'(1) \,]$$
$$= [\, x_1^0(1), x_1^0(2), \cdots, x_1^0(n) \,] = (0.00, -0.03, -0.08, \cdots, -0.43, -0.42)$$
$$X_2'' = [\, x_2'(1)-x_2'(1), x_2'(2)-x_2'(1), \cdots, x_2'(n)-x_2'(1) \,]$$
$$= [\, x_2^0(1), x_2^0(2), \cdots, x_2^0(n) \,] = (0.00, -0.02, -0.03, \cdots, -0.06, -0.09)$$
$$X_3'' = [\, x_3'(1)-x_3'(1), x_3'(2)-x_3'(1), \cdots, x_3'(n)-x_3'(1) \,]$$
$$= [\, x_3^0(1), x_3^0(2), \cdots, x_3^0(n) \,] = (0.00, -0.19, -0.17, \cdots, -0.08, -0.05)$$

根据始点零化像和公式可求得：$|S_0|=2.3976$，$|S_1|=3.5921$，$|S_2|=0.9926$，$|S_3|=0.7165$，$|S_1-S_0|=1.1945$，$|S_2-S_0|=1.4050$，$|S_3-S_0|=1.6812$。因此，由灰色相对关联度计算公式可得：$\gamma_{01}=1.1020$，$\gamma_{02}=1.0887$，$\gamma_{03}=0.1135$。

灰色关联度表示的是不同数据之间关联程度的大小，表现为不同数据相关几何图形的相似程度。在这里即表示湖州市"两高一剩"行业银行信贷余额与湖州市三大产业的关联程度。由实证结果可以看出，$\gamma_{01}>\gamma_{02}>\gamma_{03}$。由此可见，湖州市规模以上行业银行贷款余额与第一、第二产业占 GDP 的比重关联性较高，而与第三产业的关联性较小。其中，第三产业与湖州市规模以上企业银行贷款余额关联度最小，第二产业次之。

其次，是对于湖州市绿色金融发展指数所体现的绿色金融发展状况与产业结构之间的关系进行分析。根据前文中绿色金融的定义，从狭义上来讲，绿色金融可视为对于绿色环保行业或者企业进行的金融活动。从这个角度出发，我们搜集并了解到，除去已经注销的三家企业，湖州市目前一共有127家环保企业，其中大部分属于生态与环境策划以及销售行业。在这些企业中，有27家企业属于第二产业，其余100家企业都是属于第三产业。也就是说湖州市有79%的环保企业属于第三产业的范畴，由此也不难看出湖州市绿色金融服务大部分作用于第三产业，这必然引起湖州市第三产业的高速发展。

《评价规范》中所提出的绿色金融发展指数评价指标体系有56%的权重属于绿色金融市场表现，其中包括绿色贷款余额、绿色证券等。因此，绿色金融发展指数的变化对于湖州市绿色金融业务的发展具有较好的代表性。从湖州市绿色金融发展指数的变化情况（见表7-4）可以看出，该组指数呈现出逐年增长的态势，体现了湖州市绿色金融的不断发展。

第四节　湖州市绿色金融发展的回顾与展望

本章采用的绿色金融相关反面指标为湖州市规模以上行业银行贷款余额，而正面指标为湖州市绿色金融发展指数。不论是正面指标还是反面指标，都能够代表湖州市绿色金融发展状况。通过实证分析可知，湖州市绿色金融与第一产业关联度最高，与第二产业关联度次之，与第三产业关联度最小。也就是说，若湖州市增加对于"两高一剩"行业的信贷投资，则会使第一、第二产业比重增长较快而使第三产业增长较慢。因此可以换一个角度分析，若湖州市加大绿色信贷投入，则会使第三产业的发展速度加快，反之则反。

结合上述绿色金融与第三产业之间的关系，以及绿色金融发展指数对于湖州市绿色金融的代表性，加之绿色环保政策的不断深入，不难得出，湖州市绿色金融的发展对于第三产业的升级起到了很好的促进作用。而产业结构升级的一般概念即为第一产业向第二产业转变，进而转变为第三产业。由此也不难预测，随着湖州市绿色金融的发展，湖州市第三产业将会不断发展壮大，湖州市产业结构也将会不断升级。

再看湖州市当前的发展状况，湖州市是一个现代化发展较为领先的城市。

太湖周边风景秀丽，南浔古镇文化源远流长，安吉白茶文化远近闻名，还有标志性建筑喜来登温泉度假酒店，得益于政策支持，湖州市还开发了极具特色的金融小镇等。湖州市旅游业发展在浙江省之内位居先列，而旅游业正是第三产业中一个重要的组成部分，因此湖州市第三产业的发展迅速，势头也较为强劲。若湖州市政府加大绿色信贷投入力度，则不难预测，第三产业将会得到快速发展。

本章根据湖州市绿色金融和产业结构发展现状以及灰色关联度模型的分析结果，为湖州市绿色金融未来的发展提供一些参考，主要建议有以下三点。

（1）湖州市需要精准识别绿色环保产业，充分利用金融业信息传导机制，发挥金融业资金导向机制。产业结构的升级是为了促进湖州市经济的加速发展，而加大绿色金融投入力度则是为了促进湖州市产业结构向着更加绿色、科学的方向转变，从而促进湖州市经济实现持续健康发展。由实证分析结果可得，湖州市绿色金融发展与第三产业关联度较大。相关部门首先需要精准识别出第三产业中的绿色环保相关产业，才能进一步进行政策支持。这是推动湖州市经济可持续发展的第一步，也是关键一步。因此，相关部门在利用"价格信号"等金融信号识别绿色环保产业的同时，还要发挥绿色金融的资金导向机制，积极引导资金流向第三产业中的绿色环保行业，减少对"两高一剩"产业的支持力度。

（2）湖州市需要高效有力地促进政府和金融业对第三产业的支持，建立一个多层次、高效率的绿色信贷体系。由于不同行业、不同企业发展状况是存在区别的，部分企业实力雄厚，资金丰裕，发展较好，而另一些企业则规模较小，无法获得更深入的发展。一些极具发展潜力的小微型企业，由于企业规模较小，融资较为困难，从而无法获得资金，也难以发展，进而更加难以融资，这是许多小微企业发展的最终结果。为支持有潜力的中小企业获得发展，中央在几年内出台多项政策规范扶助小微企业融资。湖州市可以借助政策的力量促进小微企业的发展，除此之外，还可以与规模较大、实力较强劲的企业进行合作，共同建立科学的绿色信贷体系，使其发展更为高效。

（3）湖州市需要拓展政策覆盖范围，增加绿色环保行业规模。当前湖州市企业数量有限，发展空间也较为有限，拓展绿色行业的规模可以对一些新兴行业进行绿色准入限制，即规定一个绿色相关标准，限制高污染行业进入，从起点开始筛选出绿色环保产业。但考虑到部分产业的发展无法避免地需要较大的污染排放量，从起点筛选可能会导致一些产业发展停滞，反而抑制了经济的增长。因此，更为行之有效的方法是推动现有行业进行绿色转型。自党的十八大开始，党中央就着重强调了要坚持绿色经济，实现我国产业转型升级和合理健康运行。湖州市需要积极落实政策，推动现有产业进行绿色转型，实现产业结构优化升级和经济的持续健康发展。

第八章

对策及建议

自"绿水青山就是金山银山"理念提出以来，浙江省积极探索绿色发展的新路径，努力使绿色成为浙江省经济社会的底色。而绿色金融作为一种市场化的制度安排，能够发挥筹措资本、配置资源、管理风险、解决激励问题等核心功能，吸引着更多的社会资本参与绿色发展，是经济绿色化的重要引擎。根据绿色金融已有研究成果和庇古、科斯等理论分析，污染排放具有极强的负外部性，利用绿色金融的市场机制可以有效解决外部性问题。然而绿色金融的发展并不是一蹴而就的，在浙江省绿色金融推进过程中，既有较多依赖政府短期行政手段解决经济问题的先例，也有绿色金融市场中参与主体不均衡、供给与需求不均衡的现状，还有绿色金融运行机制不完备、期限错配严重、风险大的难题。针对浙江省绿色发展的问题与现状，本书从区域金融安全发展、宏观经济要素冲击、综合绩效驱动、产业结构升级等多个角度，运用主成分分析、最小二乘、灰色关联度分析以及脉冲响应等方法进行分析，为金融安全视角下浙江省绿色金融发展提出对策与建议。

第一节　强化绿色金融监管，建立浙江省绿色金融风险 预警体系

有别于传统金融，绿色金融因其特殊的风险构成及生产机制，为金融风险的识别与检测带来了新的挑战。在绿色金融的发展过程中，环境外部性风险及政府引导推动下的政府干预风险，将显著地干扰传统金融风险管控系统。本书基于浙江省发展数据，依托浙江省独特的优势和特色，探索浙江省绿色金融风

险管理的有效模式。

1. 因地制宜地建立绿色金融风险监管新规则

基于本书对已有成果的分析，现阶段我国对绿色金融的探索侧重于宏观层面，缺乏在风险管理体系方面的微观视角。大部分基于中国现实的绿色金融制度与政策的研究还流于形式，缺乏对于风险预期的分析，尤其是缺少对各个地区绿色金融发展困境的分析。纵观浙江省金融的发展历史，其引人注目的特征始终是"高风险与高绩效"并行，然而绿色金融并不是万能药，仍然不可避免地存在金融安全隐患。

金融安全视角下的绿色金融发展离不开对具体区域绿色金融风险的监管，由于浙江省"七山一水二分田"的地理条件，各个地区间经济结构发展不平衡，应用全省统一的风险预警体系无法真实地反映各个地区的绿色金融风险和变化情况。根据本书研究，绿色金融的市场需求、政府引导、行业绿色转变均能在一定程度上驱动绿色金融发展。只有对浙江省绿色金融发展的区域环境、行业基础与风险进行有效的分析，结合浙江省各地区绿色金融发展的路线、机制、体制、政策、制度及模式，因地制宜、因势利导地建立绿色金融风险监管新规则，才能更好地为绿色金融战略的具体实施服务，才能保障绿色金融实施的效率与质量，维护金融安全。

2. 强化环境信息披露制度，缓解环境外部性风险

碳达峰与碳中和目标的实现要求各企业、金融机构互相配合、通力合作，然而在快速发展绿色金融的同时出现的"漂绿""洗绿"等环境外部性风险也将会危害已有的金融安全，可能对整个经济安全体系带来冲击。因此，建立强制性、高质量的环境信息披露制度对于帮助企业提高气候风险管理的意识和能力、助力政府与市场间信息交流以及建设公众了解和监督绿色金融发展的渠道有着重要意义。

在环境信息披露来源方面，应扩大信息披露主体覆盖范围，明确责任主体。浙江省经济发达，上市企业众多，对于投融资等资金交易的需求也尤为旺盛，面对环境污染可能带来的外部性风险，就应要求有关部门扩大强制信息披露主体的覆盖范围，完善责任追究机制，加强对滥发绿色债券和骗取补贴等行为的

处罚力度。同时，应联合各部门建立全省统一的环境信息披露平台，制定企业环境信息动态更新制度，提高环境信息的披露频率，并应引入第三方的独立评估机构，提供环境绩效评估报告，帮助提高企业环境信息的真实性和有效性，在缓解行政监管压力的同时降低环境外部性风险。

3. 建设绿色金融安全评价系统，规避政府干预风险

在经济发展过程中，不仅需要依靠"无形之手"，也需要用好"有形之手"，社会主义市场经济体制下，只有两只"手"有机结合起来，才能实现健康稳定发展。环境污染的负外部性决定了企业不会自愿承担节能减排的责任，只有依靠政府主动引导方能调动企业绿色发展的积极性。但若片面夸大"有形的手"的作用，则难以反映复杂多变的社会需求，造成市场主体缺乏动力和活力。因此，建设评价系统实时分析浙江省绿色金融安全状况，可以对政府的政策制定和执行提供信息，规避干预风险。

建设绿色金融安全评价系统，首先要结合浙江省绿色金融发展状况有针对性地选择测度指标。本书从浙江省绿色金融区域水平与经济安全两个方面进行了测度分析后发现，杭州市经济安全水平较高，衢州、丽水、舟山的经济安全水平与绿色投资水平错配现象严重，有较大提升空间。浙江省应以"大综合一体化"为契机，深入推进省内绿色金融安全评价信息共享和系统共建；同时，在"双碳"目标下，环境权益交易、贷款碳核算、环境风险压力测试等功能也应嵌入评价系统中，构建具有权威性、标准化的大数据体系，实现长三角地区绿色公共信息的互联互通共享，为"有形之手"的决策提供现实依据。

第二节　剖析市场激励与约束机理，寻找绿色金融安全发展的"浙江方案"

本书研究证明，绿色金融的发展能在一定程度上提升区域金融安全水平，但绿色金融的发展不仅是为了实现金融安全化发展，更是浙江省金融体系自身转型发展的需要。以往对不可持续经济以及高风险经济体支持过度的浙江省金融体系已产生了许多结构性矛盾。本书在对浙江省绿色金融发展进行充分研究

的基础上，试图通过深层次剖析浙江省绿色金融良性发展的市场激励与约束机理，为寻求浙江省绿色金融体系新发展模式，促进绿色金融安全健康发展提供新观点。

1. 细化奖惩机制，建立一流的绿色金融标准

绿色金融发展是经济社会生态化的必然趋势，积极制定绿色金融标准一方面有利于加大绿色金融在企业绿色转型过程中的支持，另一方面，也能够为过渡阶段的经济安全保驾护航。当前，我国绿色金融标准尚未形成系统，各类绿色金融工具的适用标准不同，其支持的对象也划分不明。这一问题不仅拖累了可持续经济的发展，也为企业"洗绿""漂绿"等钻空子行为提供了可乘之机，危害绿色金融的安全发展。

从不同的视角来看，绿色金融划分标准各不相同，分类依据有绿色金融支持的对象、绿色金融工具的类型以及标准适用的管辖范围。浙江省需要结合省内经济的发展现状，借鉴欧盟行业分类系统与《可持续金融分类方案》的经验，参考《国民经济行业分类》，制定统一的绿色金融标准，实现行业标准与绿色金融标准的衔接统一。在奖惩机制方面，需要将企业绿色评价依据从主营业务领域转向碳排放量及环境改善效果，更加客观地衡量参与主体对节能减排的贡献，而不是简单地根据企业是否属于清洁行业或污染行业就给予奖惩；应细化评价标准，从多个维度更加客观地衡量参与主体对节能减排的贡献。

2. 遵循市场规律，完善政府服务绿色金融发展职能

当前的绿色金融活动更多是作为政府环境管理的工具，是指向性金融资金对环保、节能、清洁能源等环境效益项目的投资，或是对污染排放活动的金融干预，更偏重于"气候金融"和"环境金融"。然而，绿色金融安全发展不能仅靠行政命令的执行，更需要让绿色金融遵循市场规律，通过融入参与主体，帮助或引导浙江产业自身转变发展方式、优化产业结构，进而形成良性循环的金融体。

绿色金融的发展是一个螺旋上升的过程，一蹴而就的绿色金融建设不能实现健康与稳定。在政府职能尚未完善的当下，浙江省的绿色金融只能依靠梯度式推进、从创建示范区开始循序渐进地完成。由于浙江省经济结构发展不平衡

等特定的体制环境和经济环境，绿色金融的发展难免会遭受"创新性歧视"。政府应发挥服务金融发展的职能，引导而不是控制绿色金融的发展，遵循金融市场发展的一般规律，服务实体经济，便利交易，促进经济的管理质量，增强绿色金融的市场地位。注重行政手段的长效机制，将绿色金融的发展推入可持续的良性轨道。

3. 先行先试，推广"湖州经验"和"衢州模式"

浙江省湖州市与衢州市作为首批国家绿色金融改革创新试验区，自 2017 年 6 月获批以来，充分发挥先行先试的优势，始终坚持绿色可持续的理念，积极探索绿色金融健康稳定发展的路线，着力打通"绿水青山"转化为"金山银山"的金融通道。两座城市的探索均为浙江省绿色金融整体建设贡献了有效范本，因而在此基础上应将经验推广，以点带面推动全省绿色金融安全发展。

在绿色金融的试点过程中，湖州市侧重于金融支持绿色产业创新升级，衢州市则侧重于金融支持传统产业绿色改造转型。虽然湖州和衢州寻找了两条不同的发展之路，但两地均能够践行改革创新的思路，在约束污染排放的同时，积极助推绿色低碳转型发展。浙江省应在不断深化已有试点成果的基础上，将经验协调共享，发挥区域协同优势，如建立浙江省绿色债券的区块链交易市场，打破地域限制，提高融资效率。或是发挥绿色金融在生态产品价值实现机制中的作用，如设立"浙江省绿色发展基金"，吸引更多的社会资本流入，重点投向浙江省内生态效益明显的项目，将"湖州经验"和"衢州模式"升级为"浙江方案"。

第三节　聚焦驱动机制和制度保障，构建浙江省绿色金融安全发展政策系统

绿色金融的发展不仅受到市场需求、政府引导、行业绿色转变等多方面的驱动，也需要依靠成熟且完善的制度保障。浙江省经济发达，非国有经济体、小微经济体占市场的绝大多数，这导致浙江省绿色金融对其主体绩效驱动和安全冲击来源更为敏感。基于此，从金融安全视角探讨浙江省绿色金融政策，构

建完善的政策系统，是浙江省绿色金融稳步发展的有效保障。

1.加大绿色金融产品创新支持力度，丰富市场参与主体

创新是浙江省绿色金融发展的不竭动力，银行业等金融机构在与时俱进创新绿色金融产品时，需要在安全边界的前提下，将服务重点聚焦绿色制造、绿色建筑、绿色供应链、低碳循环经济等领域，探索将排污权、收费权、特许经营权等纳入抵质押担保范围，推广绿色园区贷、"两山"贷、生猪活体抵押贷等一系列绿色金融产品。

为了更好地发挥绿色金融的融资功能，避免创新的无序性，服务广大中小企业，浙江省应加大对绿色金融产品创新的政策支持力度，满足在不同发展阶段的各类企业进行低碳转型的资金需求，同时引入碳期货、碳期权、碳基金等碳金融衍生产品。企业在进行碳减排规划时，可以利用碳期货、碳期权的价格波动制定方案，以降低转型风险。另外，浙江省森林覆盖率为61.2%，现有森林面积9113万亩，森林蓄积量3.46亿立方米，森林碳汇288.26万吨，可以借助浙江省的自然禀赋优势，选择生态环境良好、林业发达地区作为林业碳汇补偿机制试点，将林业碳汇纳入碳交易抵消机制，企业能够通过购买CCER履行减排义务，有效优化碳配额的配置效率。

2.大力健全碳市场交易机制，拓宽融资渠道

重视市场在优化资源配置、价格发现、风险管理中的作用，出台政策，建立和完善碳排放权交易体系，积极探索以市场化的方式促进节能减排是构建浙江省绿色金融安全发展政策系统的重要一环。但当前碳金融对金融安全发展的机制仍未完全发挥作用，需要针对不同的绿色金融产品制定差异化的交易机制，在实现市场交易量递增的同时，提高金融市场的安全性。

碳交易市场的核心是碳配额的初始分配机制，相较于免费分配，有偿分配更符合"污染者付费"原则。根据浙江省处于碳市场建设初期的实际情况，可在部分重点排放单位率先进行有偿分配，引入拍卖机制，并逐步扩大有偿分配的比例，形成免费与有偿并举的分配制度。同时建立配额调整机制，使得配额分配向鼓励发展的方向倾斜，限制高排放企业的环境套利空间。此外，在市场交易政策制定中还需要扩大行业覆盖范围，鼓励更多的市场主体参与到碳交易市

场中，将更多行业纳入市场，引入不同类型的金融机构，这些市场参与主体的风险偏好、收益预期以及信息来源的不同，有助于市场更好地发挥定价功能，提高市场活力。

3.健全绿色金融安全发展法律法规，完善政策支撑

浙江省金融的发展历史一再说明金融安全是金融发展的第一要务，这同样适用于浙江省绿色金融的建设。面对新的经济增长模式和绿色金融发展带来的新挑战与新机遇，浙江省需要建立成熟的绿色金融安全发展体系，要在结合浙江省产业结构、发展走向等区域经济特征的基础上，梳理并完善各层次的配套政策，以引导、推进和控制浙江省绿色金融安全发展。

浙江省作为绿色金融的试验区与先行省份，受到了中央及地方政府部门的高度重视，经过多年的发展，各类支持配套政策虽在不同层次、不同角度种类繁多，但各类政策之间互相分散或有掣肘，尚未形成成熟的体系，存在政策漏洞，为绿色金融的安全发展留下隐患。为此，首先需要对已有的从涉及绿色金融顶层设计的相关法规，再到环境外部性内生化、环境信息披露和绿色产业转型等政策进行细致梳理。其次，全面展开浙江省绿色金融市场调研，并结合具体绿色产品和绿色金融行业发展环境进行风险分析。最后，从整体金融安全发展的视角，采用正向激励与反向约束政策相结合的方式，对已有的政策漏洞予以补充，使浙江省绿色金融与政策互相配合，形成完善的政策体系。

参考文献

[1]   ACCENTURE B. Carbon Capital: Financing the Low Carbon Economy[M]. London: Barclays, 2011.

[2]   ALTMAN E I. Financial ratios, discriminant analysis and the prediction of corporate bankruptcy[J]. The Journal of Finance, 1968, 23(4): 589-609.

[3]   AUER B R, SCHUHMACHER F. Do socially (ir) responsible investments pay? New evidence from international ESG data[J]. The Quarterly Review of Economics and Finance, 2016, 59: 51-62.

[4]   BUCHNER B, HERVE-MIGNUCCI M, TRABACCHI C, et al. Global landscape of climate finance 2015[J]. Climate Policy Initiative, 2014, 32: 1-38.

[5]   COWAN E. Topical issues in environmental finance[J]. Research Paper was Commissioned by the Asia Branch of the Canadian International Development Agency (CIDA), 1999, 1: 1-20.

[6]   EVANS O, LEONE A M, GILL M, et al. Macroprudential indicators of financial system soundness[J]. IMF Occasional Paper, 2000.

[7]   FEDER G, JUST R E. A study of debt servicing capacity applying logit analysis[J]. Journal of Development Economics, 1977, 4(1): 25-38.

[8]   FRANK JR C R, CLINE W R. Measurement of debt servicing capacity: An application of discriminant analysis[J]. Journal of International Economics, 1971, 1(3): 327-344.

[9]   FULLWILER S T. Sustainable finance: building a more general theory of finance[J]. Binzagr Institute for Sustainable Prosperity, 2015: 17-34.

[10]   HORRIGAN J O. The determination of long-term credit standing with financial

ratios[J]. Journal of Accounting Research, 1966: 44-62.

[11]　KHATIB H. IEA world energy outlook 2011—A comment[J]. Energy Policy, 2012, 48: 737-743.

[12]　LABATT S, WHITE R R. Environmental finance: a guide to environmental risk assessment and financial products[M]. New York: John Wiley & Sons, 2003.

[13]　MARTIN D. Early warning of bank failure: A logit regression approach[J]. Journal of Banking & Finance, 1977, 1(3): 249-276.

[14]　MISHKIN F S. Understanding financial crises: A developing country perspective[J]. National Bureau of Economic Research, 1996: 5600.

[15]　ODOM M D, SHARDA R. Neural networks model for bankruptcy prediction[C]. United States: IJCNN 1990.

[16]　SAINI K, BATES P. Statistical techniques for determining debt-servicing capacity for developing countries: Analytical review of the literature and further empirical results[M]. New York: Federal Reserve Bank of New York, 1978.

[17]　SALAZAR J. Environmental Finance: Linking Two Worlds[C]. Bratislava: Biodiversity, 1998.

[18]　SARGEN N. Economic indicators and country risk appraisal[J]. Federal Reserve Bank of San Francisco Review, 1978: 19-35.

[19]　SCHOLTENS B. Finance as a driver of corporate social responsibility[J]. Journal of Business Ethics, 2006, 68(1): 19-33.

[20]　SCHOLTENS B, DAM L. Banking on the Equator. Are banks that adopted the Equator Principles different from non-adopters?[J]. World Development, 2007, 35(8): 1307-1328.

[21]　SINKEY JR J F. A multivariate statistical analysis of the characteristics of problem banks[J]. The Journal of Finance, 1975, 30(1): 21-36.

[22]　TAM K Y, KIANG M Y. Managerial applications of neural networks: the case

of bank failure predictions[J]. Management Science, 1992, 38(7): 926-947.

[23] VEBLEN T. Why is economics not an evolutionary science?[J]. Cambridge Journal of Economics, 1998, 22(4): 403-414.

[24] 安伟. 绿色金融的内涵、机理和实践初探 [J]. 经济经纬, 2008(5):156–158.

[25] 卞志村, 张运, 毛泽盛. 金融稳定视角下财政货币政策与宏观审慎政策三支柱调控框架研究 [J]. 金融评论, 2021, 13(5):1–19, 123.

[26] 曹倩. 我国绿色金融体系创新路径探析 [J]. 金融发展研究, 2019(3):46–52.

[27] 陈松林. 区域金融安全及监管目标模式 [J]. 中国金融, 2000(2):23–24, 36.

[28] 陈叶如, 吴雯婷. 关于绿色金融改革创新的研究——以浙江试验区为例 [J]. 纳税, 2018, 12(32):169–170.

[29] 陈莹莹. 绿色金融市场化发展提速激励机制和监管框架需完善 [EB/OL].(2018–1–26) [2023–3–15], http://finance.cnr.cn/gundong/20180126/t20180126_524113778.shtml.

[30] 邓翔. 绿色金融研究述评 [J]. 中南财经政法大学学报, 2012(6):67–71.

[31] 董浩允. 绿色金融对我国经济生态化发展的影响研究 [D]. 郑州: 河南大学, 2021.

[32] 方大春, 张敏新. 低碳经济的理论基础及其经济学价值 [J]. 中国人口·资源与环境, 2011, 21(7):91–95.

[33] 方灏, 马中. 论环境金融的内涵及外延 [J]. 生态经济, 2010(9):50–53, 72.

[34] 高扬, 李春雨. 中国绿色债券市场与金融市场间的风险溢出效应研究 [J]. 金融论坛, 2021, 26(1):59–69.

[35] 顾海兵, 张安军. 我国区域经济安全动态监测分析 [J]. 经济理论与经济管理, 2012(7):95–103.

[36] 郭丽虹, 朱柯达. 民间金融对实体经济发展的影响研究——来自浙江的证据 [J]. 区域金融研究, 2015(3):9–15.

[37] 郭娜, 葛传凯, 祁帆. 我国区域金融安全指数构建及状态识别研究 [J]. 中央财经大学学报, 2018(8):37–48.

[38] 胡珀, 强晓捷. 基于赤道原则对我国金融机构环境与社会责任的反思 [J].

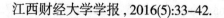

江西财经大学学报, 2016(5):33-42.

[39] 胡胜, 陈小林, 蔡报纯. 地方政府债务风险的博弈论分析及优化治理研究 [J]. 中国软科学, 2017(8):82-90.

[40] 黄建欢, 吕海龙, 王良健. 金融发展影响区域绿色发展的机理——基于生态效率和空间计量的研究 [J]. 地理研究, 2014(3):532-545.

[41] 黄小勇. 区域经济共生发展的界定与解构 [J]. 华东经济管理, 2014, 28(1):153-159.

[42] 黄叶金. 宏观经济波动对我国金融安全的冲击效应研究 [J]. 统计与决策, 2015(21):131-134.

[43] 黄卓, 王萍萍. 金融科技赋能绿色金融发展：机制、挑战与对策建议 [J]. 社会科学辑刊, 2022(5):101-108.

[44] 姜晶晶. 绿色低碳转型对宏观经济的冲击与中央银行政策应对——理论研究进展及评析 [J]. 南方金融, 2022(12):3-15.

[45] 姜燕, 秦淑悦. 绿色信贷政策对企业可持续发展绩效的促进机制 [J]. 中国人口·资源与环境, 2022, 32(12):78-91.

[46] 金环, 于立宏, 徐扬. 绿色金融创新政策与企业生产率差异——来自中国上市公司的证据 [J]. 经济评论, 2022(5):83-99.

[47] 金祥义, 张文菲, 施炳展. 绿色金融促进了中国出口贸易发展吗？[J]. 金融研究, 2022(5):38-56.

[48] 李迟. 浙江温州民间金融现状、问题与对策研究 [D]. 成都：西南交通大学, 2011.

[49] 李卢霞, 黄旭. 中国银行业绿色信贷发展同业比较 [J]. 金融论坛, 2011, 16(2):42-50.

[50] 李静婷. 我国金融安全网的权力制度变迁与存款保险制度的引入 [J]. 学术研究, 2020(7):85-91.

[51] 黎娜, 陈奕霏, 楼文高. 我国金融风险评价与预警的投影寻踪建模与实证研究 [J]. 江淮论坛, 2017(5):66-73.

[52] 黎仁华, 薛建礼. 国家金融安全视角下的保险资金运用风险与治理——基于经理主义理论的分析 [J]. 理论探讨, 2018(5):114–120.

[53] 李晓西, 夏光. 中国绿色金融报告 2014[M]. 北京: 中国金融出版社, 2014.

[54] 林伯强. 外债风险预警模型及中国金融安全状况评估 [J]. 经济研究, 2002(7):14–23, 89.

[55] 林啸. 低碳经济背景下我国绿色金融发展研究 [D]. 广州: 暨南大学, 2011.

[56] 林欣月. 我国绿色金融的内涵、现状和发展对策 [J]. 现代经济信息, 2016(7):305.

[57] 林毅夫, 孙希芳, 姜烨. 经济发展中的最优金融结构理论初探 [J]. 经济研究, 2009, 44(8):4–17.

[58] 刘清江, 张晓田. 金融安全区问题研究 [J]. 当代财经, 2001(2):35–39, 60–80.

[59] 刘薇. 区域生态经济理论研究进展综述 [J]. 北京林业大学学报 (社会科学版), 2009, 8(3):142–147.

[60] 刘锡良, 孙磊. 金融结构视角中的金融安全论 [J]. 经济学动态, 2004(8):78–82.

[61] 刘锡良, 文书洋. 中国的金融机构应当承担环境责任吗?——基本事实、理论模型与实证检验 [J]. 经济研究, 2019, 54(3):38–54.

[62] 刘晓星, 李北鑫, 陶梦倩. 利率冲击、汇率波动与金融安全——基于宏观稳定视角的研究 [J]. 东南大学学报 (哲学社会科学版), 2021, 23(4):70–78, 151.

[63] 刘学敏. 从"庇古税"到"科思定理": 经济学进步了多少 [J]. 中国人口资源与环境, 2004(3):133–135.

[64] 马骏. 论构建中国绿色金融体系 [J]. 金融论坛, 2015, 20(5):18–27.

[65] 马骏. 构建绿色金融的理论框架 [J]. 金融市场研究, 2016(2):2–8.

[66] 马骏. 中国绿色金融的发展与前景 [J]. 经济社会体制比较, 2016(6):25–32.

[67] 马骏. 中国绿色金融发展的十个领域 [J]. 武汉金融, 2017(1):10–14.

[68] 马中, 刘青扬, 谷晓明等. 发展绿色金融, 推进供给侧结构性改革 [J]. 环境保护, 2016, 44(16):33–37.

[69] 聂富强, 周玉琴. 基于行业融资结构协调的我国金融安全状态评估 [J]. 当代经济科学, 2017, 39(2):53–61, 126.

[70] 聂富强, 左宇晓, 尹亮等. 中国金融状态研究: 监测与预警 [M]. 北京: 中国金融出版社, 2011.

[71] 宁伟, 佘金花. 绿色金融与宏观经济增长动态关系实证研究 [J]. 求索, 2014, 264(8):62–66.

[72] 齐绍洲, 林屾, 崔静波. 环境权益交易市场能否诱发绿色创新？——基于我国上市公司绿色专利数据的证据 [J]. 经济研究, 2018, 53(12):129–143.

[73] 乔海曙, 谭烨, 刘小丽. 中国碳金融理论研究的最新进展 [J]. 金融论坛, 2011, 16(2): 35–41.

[74] 钱水土, 王文中, 石乐陶. 绿色金融促进产业结构优化的实证分析——基于衢州、湖州的数据 [J]. 浙江金融, 2019(5):36–43.

[75] 任英华, 江劲风, 倪青山. 基于图神经网络模型的金融危机预警研究——全行业间信息溢出视角 [J]. 统计研究, 2022, 39(8):141–160.

[76] 沈伟. 存款保险制度的功能及其制度设计 [J]. 上海经济研究, 2021(6):74–92.

[77] 孙光林, 王颖, 李庆海. 绿色信贷对商业银行信贷风险的影响 [J]. 金融论坛, 2017, 22(10):31–40.

[78] 唐绍祥, 周新苗. 绿色金融研究的关键领域与综合评述 [J]. 金融发展, 2018(2):54–61.

[79] 唐跃军, 黎德福. 环境资本、负外部性与碳金融创新 [J]. 中国工业经济, 2010(6):5–14.

[80] 田金方, 杨晓彤, 薛瑞等. 不确定性事件、投资者关注与股市异质特征——以 COVID–19 概念股为例 [J]. 财经研究, 2020, 46(11):19–33.

[81] 万伟. 从金融安全视角谈构建我国银行存款保险制度 [J]. 中国行政管理, 2015(3):142–145.

[82] 万志宏, 曾刚. 国际绿色债券市场: 现状、经验与启示 [J]. 金融论坛, 2016, 21(2):39–45.

[83] 王诚. 探索绿色金融"浙江模式" [J]. 浙江经济, 2018(18):38.

[84] 王芳，曹一鸣，陈硕.反思环境库兹涅茨曲线假说[J].经济学（季刊），2020(1):81-100.

[85] 王广宇，韩亚峰，郭小丹.金融安全视角下不良资产形成机理研究——经济转型还是企业骗贷[J].国际金融研究，2019(2):87-96.

[86] 王卉彤，陈保启.转型经济国家环境税费使用方向及启示——兼论我国循环经济发展中环境税费的合理利用[J].财政研究，2006(8):79-81.

[87] 王娟.经济新常态下中国货币政策对金融安全的影响及对策分析[J].理论探讨，2017(5):114-118.

[88] 王俊勇，李心丹.绿色金融助力防范化解系统性金融风险[J].学海，2019(5):147-152.

[89] 王凯，庞震.外汇储备对我国通货膨胀不确定性影响的实证分析[J].当代经济管理，2016,38(12):79-83.

[90] 王去非.对浙江绿色金融改革创新实践的若干思考[J].甘肃金融，2018(3):31-33.

[91] 王去非.绿色金融激励约束机制研究——基于浙江实践的调查与思考[J].浙江金融，2016(12):29-34.

[92] 王小江.绿色金融发展模式与体系建设路径选择[N].河北日报，2017-08-18(7).

[93] 王秀丽，鲍明明，张龙天.金融发展、信贷行为与信贷效率——基于我国城市商业银行的实证研究[J].金融研究，2014(7):94-108.

[94] 王遥，范高雁，夏晗玮.绿色金融支持"一带一路"建设与发展的路径研究[J].环境保护，2017,45(12):56-59.

[95] 王遥，潘冬阳，彭俞超等.基于DSGE模型的绿色信贷激励政策研究[J].金融研究，2019(11):1-18.

[96] 王元龙.关于金融安全的若干理论问题[J].国际金融研究，2004(5):11-18.

[97] 魏晓云，韩立岩.绿色PPP项目组合的最优契约：经济与环境效应的福利视角[J].金融研究，2022(3):60-78.

[98] 文书洋,刘浩,王慧.绿色金融、绿色创新与经济高质量发展[J].金融研究,2022(8):1-17.

[99] 翁智雄,葛察忠,段显明等.国内外绿色金融产品对比研究[J].中国人口·资源与环境,2015,25(6):17-22.

[100] 吴国威,杨玲.民间金融风险成因及防范对策[J].人民论坛,2016(5):100-102.

[101] 巫剑飞.浙江省绿色金融发展水平测度研究[J].现代商贸工业,2019,40(30):3-6.

[102] 吴振宇,唐朝.全球经济增长、通货膨胀和金融风险态势分析[J].经济纵横,2021,431(10):33-43.

[103] 肖斌卿,杨旸,李心丹等.基于GA-ANN的中国金融安全预警系统设计及实证分析[J].系统工程理论与实践,2015,35(8):1928-1937.

[104] 萧月,肖斌卿,王杰.金融安全视角下区域性中小银行不良贷款成因机理研究——"内控"还是"外防"[J].金融论坛,2022,27(4):70-80.

[105] 许梦楠,周新苗.宏观经济波动对金融安全的冲击效应研究[J].浙江金融,2019(2):3-12.

[106] 燕小青,张红伟.农户信贷需求、民间金融与农户增收——基于浙江地区经验实证[J].天府新论,2013(4):62-65.

[107] 杨松,张建.中国地方政府债券金融风险的法律防控[J].社会科学战线,2020(3):192-202.

[108] 叶莉,陈立文等.中国金融运行机制与预警管理研究[M].北京:经济科学出版社,2009.

[109] 殷兴山.金融创新助力浙江经济升级版[J].中国金融,2016(7):34-36.

[110] 尹钧惠.循环经济发展的绿色金融支持体系探讨[J].金融与经济,2009(9):21-23.

[111] 袁纯清.共生理论及其对小型经济的应用研究(上)[J].改革,1998(2):100-104.

[112] 袁礼，周正．环境权益交易市场与企业绿色专利再配置 [J]. 中国工业经济，2022(12):127–145.

[113] 曾学文，刘永强，满明俊等．中国绿色金融发展程度的测度分析 [J]. 中国延安干部学院学报，2014, 7(6):112–121+105.

[114] 张安军．中国金融安全监测预警研究 [M]. 北京：中国社会科学出版社，2015.

[115] 张安军．我国省域金融风险动态预警研究——基于浙江省月度样本数据的分析 [J]. 经济理论与经济管理，2020(3):51–69.

[116] 张发林，张巍．均衡困境与金融安全：国际货币制度变迁及问题 [J]. 国际安全研究，2018, 36(6):40–61+153.

[117] 张晖，朱婉婉，许玉韫等．绿色信贷真的会降低商业银行绩效吗 [J]. 金融经济学研究，2021, 36(1):94–107.

[118] 张建军，段润润．中国商业银行构建绿色信贷体系的路径探索 [J]. 西安电子科技大学学报 (社会科学版), 2013, 23(5):120–125.

[119] 张健华．把握金融运行新常态 引领浙江金融新发展 [J]. 浙江金融，2015(1):4–8.

[120] 张雪兰，何德旭．国外环境金融的困境与应对举措 [J]. 经济学动态，2010(11):139–143.

[121] 张幼文．世界经济一体化的历程 [M]. 上海：学林出版社，1999.

[122] 郑嘉榆，胡毅．绿色信贷能带动金融系统"绿色化"和企业减排吗？——基于演化博弈分析 [J/OL]. 中国管理科学，（2023–1–12）[2023–04–12].https://doi.org/10.16381/j.cnki.issn1003–207x.2022.0762.

[123] 朱海城．浙江民间金融研究述评 [J]. 理论月刊，2016(2):138–143.

[124] 朱家贤．碳金融创新与中国排放权交易 [J]. 地方财政研究，2010(1):14–19.

[125] 朱正，贺根庆．危机冲击、市场时变联动与风险跨国传染途径——基于中美股票市场样本数据的实证研究 [J]. 中央财经大学学报，2015(5):32–37.

[126] 张莎．灰色关联分析新算法研究及其意义 [D]. 长春：东北师范大学，2012.

[127] 钟锦文 . 生态文明视野下环境库兹涅茨曲线的理论反思 [J]. 南通大学学报
(社会科学版), 2018, 34(6):131–136.

[128] 周新苗 , 唐绍祥 , 刘慧宏 . 中国绿色债券市场的分割效应及政策选择研究
[J]. 中国软科学 , 2020(11):42–51.

[129] 祝继高 , 饶品贵 , 鲍明明 . 股权结构、信贷行为与银行绩效——基于我国
城市商业银行数据的实证研究 [J]. 金融研究 , 2012(7):48–62.